Andrea Buskotte
Gewalt in der Partnerschaft

Andrea Buskotte

Gewalt in der Partnerschaft

Ursachen – Auswege – Hilfen

Patmos

Bibliografische Information der Deutschen Nationalbibliothek

Die Deutsche Nationalbibliothek verzeichnet diese Publikation in der Deutschen Nationalbibliografie; detaillierte bibliografische Daten sind im Internet über http://dnb.d-nb.de abrufbar.

© 2007 Patmos Verlag GmbH & Co. KG, Düsseldorf
Alle Rechte vorbehalten.
Umschlagmotiv: © Gaetan Charbonneau/getty images
Umschlaggestaltung: init . Büro für Gestaltung, Bielefeld
Printed in Germany
ISBN 978-3-491-40107-5
www.patmos.de

Inhalt

Einleitung:
Für wen ist dieses Buch gedacht? ... 7

Kapitel 1:
Ausmaß und Formen von Gewalt ... 13
Jede vierte Frau?! Einige Fakten über Gewalt
  in Partnerschaften ... 13
Die Spuren der Gewalt ... 18
Und was ist mit den Männern? ... 19
»Pack schlägt sich, Pack verträgt sich« –
  Vorurteile und Mythen über Gewalt gegen Frauen ... 20
Gewalt hat viele Gesichter... ... 30
Kontrollieren, Angst machen, zuschlagen... ... 39
»Ich habe mich nicht mehr aus dem Haus getraut« –
  Stalking und die Folgen ... 48

Kapitel 2:
Hintergründe und Folgen der Gewalt ... 63
»Ich weiß gar nicht mehr, wie alles anfing« –
  Risikofaktoren für Gewalt in Beziehungen ... 63
Wer wird Opfer? Wer wird Täter? Und warum? ... 73
»Man steht immer unter Druck« –
  die Folgen von Gewalt für Körper und Seele ... 82
Bleiben oder gehen? Warum misshandelte Frauen
  weder ein noch aus wissen ... 89
Die Kinder leiden mit ... 96

Kapitel 3:
Wege aus der Gewalt ... 108
Recht gegen Faustrecht – das Gewaltschutzgesetz ... 108
Das Geheimnis lüften – auch wenn es schwerfällt ... 120
Professionelle Unterstützung: Wer hilft wie? ... 122

Hinsehen und helfen: »Ich wünsche mir Leute,
   die auf einen zugehen« 131
Auch Männer können etwas tun 140

Kapitel 4:
(Wie) können wir Gewalt verhindern? 153
Kinder haben ein Recht auf eine gewaltfreie Erziehung 155
Weder »Macho« noch »Mäuschen«: Erziehungsziele für
   Jungen und Mädchen 160

Schluss:
Vorbeugung geht alle an 168

Anhang 170
Anmerkungen 170
Adressen – Unterstützung – Informationen 173
Bildnachweis 184
Zitatnachweise 184

Einleitung: Für wen ist dieses Buch gedacht?

Dieses Buch geht jeden an – im Prinzip jedenfalls. Es handelt von Gewalt in Partnerschaften, von Gewalt zwischen Menschen, die einmal ineinander verliebt waren und eine Beziehung eingegangen sind. Sie haben geheiratet oder leben ohne Trauschein zusammen, sie ziehen gemeinsam Kinder groß oder leben kinderlos. Die Lebensumstände können verschieden sein – Gewalt kommt in allen gesellschaftlichen Schichten vor, bei Putzfrauen ebenso wie bei Professoren, bei Mechanikern wie bei Ärztinnen. Gewalt kann junge Paare ebenso betreffen wie langjährige Lebensgefährten, sie kann in krisengeschüttelten Beziehungen eine Rolle spielen oder in scheinbar harmonischen Partnerschaften, sie trifft selbstbewusste ebenso wie zurückhaltende Menschen. Trotz zahlreicher Besonderheiten im Einzelfall gibt es ein typisches Kennzeichen: Die Gewalt findet ohne Zeugen statt und bleibt deshalb lange unentdeckt, die Opfer sind allein mit ihrer Situation. Gewalt in Beziehungen bedeutet, dass der Ort, der eigentlich Geborgenheit und Zuwendung geben soll, ein Ort von Unsicherheit und Angst wird. Dieser Gedanke ist schwer zu ertragen. Wir würden gern glauben, dass so etwas nur selten geschieht. Leider ist Gewalt in Beziehungen aber keine Seltenheit, statistisch gesehen ist sie alltäglich. Deshalb geht sie – im Prinzip – jeden etwas an.

Neueren Untersuchungen zufolge hat jede vierte Frau in Deutschland schon einmal Gewalt in der Partnerschaft erlebt. Frauen werden angebrüllt und geschlagen, eingeschüchtert und eingesperrt – von ihren Freunden, Lebenspartnern, Ehemännern oder Ex-Ehemännern. Die Täter handeln aus Eifersucht, aus verletztem Stolz oder Machtgelüsten. Dass wir selten davon erfahren, liegt daran, dass Täter und Opfer das Geschehen geheim halten – die Täter aus Angst vor Strafen, die misshandelten Frauen aus Scham, Hilflosigkeit und aus Angst.

Auch Männer werden Opfer von Gewalt in Beziehungen. Dieses Buch handelt dennoch von Frauen, die Gewalt erleben. Damit soll nicht gesagt werden, dass Gewalt für Männer weniger gravierend ist. Aber nach allem, was wir heute wissen, erleiden Frauen weitaus mehr und schwerere Gewalt von ihren Lebenspartnern als umgekehrt. Das ist ein Grund, warum um es hier um Frauen geht. Der andere ist, dass Gewalt gegen Frauen und Gewalt gegen Männer nur begrenzt miteinander vergleichbar sind – weil Frauen und Männer unterschiedliche (Macht-)Positionen in der Gesellschaft einnehmen und weil die »Macht« darum oft auch in privaten Beziehungen asymmetrisch verteilt ist. Auch heute noch sind viele Frauen materiell abhängig von ihrem Partner, weil sie weniger Geld verdienen als er – oder gar keines, weil sie sich um die gemeinsamen Kinder kümmern. Das macht es für sie schwerer, sich gegen Gewalt zur Wehr zu setzen als für einen Mann, der in seiner Beziehung misshandelt wird. Diese Gesichtspunkte alle gleichermaßen darzustellen hätte den Rahmen dieses Buchs gesprengt. Ich hoffe aber, dass auch Männer, die zu Hause schikaniert, bedroht oder geschlagen werden und dieses Buch in die Hand bekommen, darin hilfreiche Informationen für sich finden.

Gewalt in Familien wird oft als Tabu bezeichnet. »Tabu« ist ein polynesisches Wort und bedeutet in etwa »unverletzlich« und »unantastbar«. Es bezeichnet Dinge, über die man nicht spricht, die man eigentlich nicht einmal denken darf. In unserem Sprachgebrauch bezeichnen wir Dinge als tabu, wenn wir zum Ausdruck bringen wollen, dass es sich um einen wunden Punkt oder ein totgeschwiegenes Problem handelt. So gesehen ist Gewalt in Familien und Partnerschaften einerseits ein Tabu und andererseits auch nicht. Denn totgeschwiegen wird das Thema keineswegs überall: In der Bundesrepublik Deutschland, in Österreich und der Schweiz, aber auch im anglo-amerikanischen Raum wird seit Jahrzehnten zumindest in Fachkreisen – in der Sozialwissenschaft, in der Kriminologie, in der Psychologie – sehr intensiv über innerfamiliäre Gewalt nachgedacht, geforscht und gesprochen. Die Frauenbewegung und Kinderschutzverbände haben nachdrücklich auf die Probleme aufmerksam gemacht und dafür gesorgt, dass Anlaufstellen und Unterstützungseinrichtungen gegründet wurden. In Deutschland wurden seit 1976 allein über 400 Frauenhäuser gegründet, jedes Jahr finden dort Tausende Frauen mit ihren Kindern Schutz vor gewalttätigen Partnern.

1989 veröffentlichte die Bundesregierung einen umfangreichen Bericht über die »Ursachen, Prävention und Kontrolle von Gewalt«; er wurde ein Meilenstein für die Aufklärung über dieses Thema. Zahlreiche Expertinnen und Experten aus unterschiedlichen Fachrichtungen hatten für diesen Bericht alle verfügbaren Daten und Erkenntnisse über unterschiedliche Formen und Konstellationen von Gewaltkriminalität zusammengetragen. Sie kamen zu einem schockierenden Ergebnis: Nirgendwo in unserer Gesellschaft passiert so viel Gewalt wie im privaten Raum. Der Gewaltbericht hat darüber hinaus gezeigt, dass Gewalt in Familien nicht alle Familienmitglieder gleichermaßen betrifft, sondern dass überwiegend Frauen und Kinder die Leidtragenden sind. Daran hat sich bis heute im Wesentlichen nichts geändert. Immer noch liegt für Frauen und Kinder das größte Risiko, Opfer von Gewalt zu werden, in der eigenen Familie. Dennoch hat sich die Situation schrittweise verbessert, unter anderem auf der gesetzlichen Ebene.

Der Gewaltbericht und ihm folgende Forschungsergebnisse haben familiäre Gewalt stärker in das Bewusstsein der Fachöffentlichkeit, der Medien und damit auch in das politische und gesellschaftliche Bewusstsein gerückt. Das hatte Folgen: In den zwölf Jahren nach der Veröffentlichung des Berichts sind drei Bundesgesetze in Kraft getreten, die Gewalt enttabuisieren und die Opfer besser schützen sollen. Seit 1997 steht Vergewaltigung in der Ehe unter Strafe, seit 2000 ist das Recht von Kindern auf eine gewaltfreie Erziehung gesetzlich verbrieft, 2002 trat das Gewaltschutzgesetz in Kraft. Alle drei Gesetze bringen zum Ausdruck, dass der Staat Gewalt in Familien und in Partnerschaften als ein gravierendes Unrecht betrachtet und Betroffene unterstützen will. Gewalt ist keine Privatsache, kein Kavaliersdelikt und erst recht kein ungeschriebenes Verfügungsrecht, das Eltern über ihre Kinder oder Männer über ihre Frau haben. Die Gesetze machen deutlich, dass Opfer ein Recht auf ein gewaltfreies Leben haben, und sie helfen dabei, dieses Recht durchzusetzen.

Während es in Fachkreisen und in der Medienberichterstattung also Fortschritte gibt, hält sich das Tabu im Alltag jedoch relativ hartnäckig. Gesetze gegen Gewalt in Familien machen es offenbar nicht automatisch einfacher, das Thema auch im eigenen sozialen Umfeld anzusprechen – oder sogar etwas dagegen zu tun. Sie sind nicht überzeugt? Machen Sie einen kleinen Test ...

> **Wann fällt es Ihnen leichter, sich einzumischen und dem Opfer zur Seite zu stehen:**
>
> - Wenn ein Mann seine Frau in aller Öffentlichkeit anbrüllt und niedermacht?
> - Wenn eine Mutter ihrem nervigen Kind im Supermarkt eine Ohrfeige verpasst?
> - Wenn Ihr Chef einen sexuellen Übergriff gegenüber Ihrer Arbeitskollegin verübt hat?
> - Wenn Ihr Vorgesetzter Ihren Kollegen anbrüllt und niedermacht?
> - Wenn Ihr Kollege einem anderen Kollegen eine Ohrfeige gibt?

Wenn für Sie alle fünf Beispiele gleichermaßen ein Anlass sind, sich einzumischen und für das Opfer einzutreten: Respekt – Sie sind offenbar ein sehr couragierter Mensch. Für die meisten von uns dürfte die Antwort aber komplizierter ausfallen. Vielen fällt es leichter, für eine Arbeitskollegin oder einen Arbeitskollegen Partei zu ergreifen oder einen aggressiven Kollegen auf sein Verhalten anzusprechen. Man würde dem Geschädigten raten, sich an den Betriebsrat zu wenden, einen Anwalt einzuschalten, den Chef zu verklagen oder Ähnliches. Einzugreifen ist ein Signal, das deutlich macht: Es ist nicht in Ordnung, was hier passiert! Das ist eine wichtige Unterstützung für die Betroffenen. Bei Gewalt in Familien ist das anders, da fällt uns das Sich-Einmischen sehr schwer. Das ist Privatsache, das sollen die unter sich ausmachen, da hält man sich lieber heraus – das sind einige der Argumente, die das Tabu aufrechterhalten: Über Gewalt spricht man nicht! Und auch das Nicht-darüber-Sprechen ist ein Signal für die Beteiligten: Die Opfer wissen nicht, ob sie auf Unterstützung zählen können; den Tätern beweist es, dass sie ungestört weitermachen können. Dieses Buch soll dazu beitragen, dass sich das ändert.

Viele Betroffene verschweigen ihre Situation jahrelang – aus Angst vor dem Täter, aber auch aus Scham und Angst vor den Reaktionen von Verwandten, Freunden, Bekannten. Nur ungefähr ein Viertel der Betroffenen wendet sich von sich aus an Hilfeeinrichtungen, und viele Frauen brauchen mehrere Anläufe, um sich (und ihre Kinder) in ein gewaltfreies Leben zu retten. Ob und wie schnell das gelingt, hängt einerseits von ihren persönlichen Möglichkeiten ab, zu einem entscheidenden Teil aber auch von der Aufmerksamkeit, Beherztheit und Zivilcourage der Menschen in ihrem Umfeld. An dieser Stelle setzt das Buch an. Es soll informieren: über die Situation der Opfer sowie über rechtliche und soziale Hilfemöglichkeiten. Es soll aufklären: über die Hintergründe und Folgen von Gewalt für betroffene Frauen und ihre Kinder. Und es soll zum Handeln ermutigen. Damit richtet es sich zunächst und vor allem an betroffene Frauen (und Männer), darüber hinaus aber auch an die Menschen im Umfeld der Opfer, ihre Angehörigen, Freundinnen und Freunde, Kollegen und Nachbarn. Außerdem können auch »professionelle Vertrauenspersonen« dieses Buch nutzen, um ihr Wissen zu erweitern: Ärztinnen und Ärzte, Pfarrerinnen und Pfarrer, Lehrkräfte, Erzieherinnen ... Sie sind für viele Betroffenen die ersten und wichtigsten Ansprechpartner, und darauf sollten sie vorbereitet sein.

Wie Sie dieses Buch nutzen können:
- Vielleicht wollen Sie sich ganz allgemein mit dem Thema »Gewalt in Beziehungen« beschäftigen. Dann sind vor allem die ersten beiden Kapitel für Sie interessant: Darin sind die Erscheinungsformen, die Hintergründe und die Auswirkungen von Gewalt dargestellt. Im vierten Kapitel geht es daran anknüpfend um die Vorbeugung gegen Gewalt – ein wichtiges Feld für alle, die erzieherisch tätig sind
- Wenn Sie Gewalt erleben oder sich bedroht fühlen, ist es sinnvoll, wenn Sie sich zuerst mit Kapitel 3 beschäftigen. Dort finden Sie Informationen über Ihre Rechte und die Arbeitsweisen der unterschiedlichen Hilfeeinrichtungen. Beratungsstellen in der Nähe Ihres Wohnorts können Sie mit Hilfe der Angaben im Anhang herausfinden.

- Wenn Sie jemanden kennen, der oder die von Gewalt betroffen ist, wird das zweite Kapitel Ihnen helfen, die Situation besser zu verstehen. Der Abschnitt über »Hinsehen und helfen« im dritten Kapitel soll Ihnen Mut machen und Ideen liefern, was Sie zur Unterstützung tun können.
- Wenn Sie im Krankenhaus, in der Arztpraxis, in der Schule oder in einer anderen Institution arbeiten und beruflich mit dem Thema, mit Opfern oder mit Tätern zu tun haben, können Sie mit diesem Buch Ihr Wissen abrunden oder vertiefen und Anregungen finden, um den Betroffenen Auswege aus ihrer Situation aufzuzeigen und sie nach Möglichkeit zu einer spezialisierten Hilfeeinrichtung zu begleiten.

Dieses Buch soll Betroffenen helfen, ihre Situation einzuschätzen, ihre Rechte und professionelle Hilfen zu kennen und handlungsfähig zu werden oder zu bleiben. Dass sie in diesem Buch häufig als »Opfer«, bezeichnet werden, erfordert eine Erläuterung: »Opfer« klingt in manchen Ohren diskriminierend – nach Passivität, nach Widerstandsunfähigkeit, nach Schwäche. Deshalb möchte ich klarstellen: »Opfer« ist hier ein juristischer und psychologischer Fachausdruck für Menschen, denen Gewalt und Unrecht angetan wird. Das bedeutet nicht zwangsläufig, dass sie schwach oder widerstandsunfähig sind. Es bedeutet aber auf jeden Fall, dass sie ein *Recht* auf Unterstützung und Hilfe haben.

Damit Frauen der Gewalt tatsächlich entgegentreten können, benötigen sie entsprechende Voraussetzungen: Einerseits brauchen sie einiges Wissen, z. B. Informationen über ihre Rechte und die vorhandenen Hilfemöglichkeiten, außerdem Selbstbewusstsein und Entscheidungsfähigkeit. Andererseits brauchen sie oft auch vorübergehend Hilfe von »außen«: die Unterstützung von Freunden und Verwandten *und* professionelle Begleitung durch Sozialarbeiterinnen, Psychologen oder Anwältinnen. Ich hoffe, die Informationen in diesem Buch werden dazu beitragen, dass jede Frau die Unterstützung findet, die sie braucht.

Kapitel 1: Ausmaß und Formen von Gewalt

Jede vierte Frau?! Einige Fakten über Gewalt in Partnerschaften

Wer anfängt, sich mit Gewalt in Beziehungen zu befassen, entdeckt schnell, dass Presseberichte wie die folgenden recht häufig sind.

Getrennt lebende Ehefrau vergewaltigt: 5 Jahre Haft

Porta Westfalica/Bielefeld. Im Beisein des gemeinsamen Sohnes hat er seine von ihm getrennt lebende Ehefrau in Porta Westfalica vergewaltigt. Gestern verurteilte das Bielefelder Landgericht Harald I. aus Hannover zu einer mehrjährigen Freiheitsstrafe. Am Morgen des 15. Juli 2003 traten Hedwig I. und ihr heute achtjähriger Sohn Nico aus der Wohnungstür. Plötzlich tauchte ein Mann aus dem Gebüsch auf und versperrte den beiden den Weg zur Wohnungstür: Harald I., der Ehemann von Hedwig, von dem sie schon eine Weile getrennt lebte. [...] Harald I. bedrohte seine Frau mit einem Messer und fesselte ihr die Hände. Dabei drohte er, es werde etwas passieren, wenn sie um Hilfe schreie. Anschließend zerrte er sie auf eine Waldlichtung in der Nähe. Dort zwang er sie zum Geschlechtsverkehr, den die verängstigte Frau über sich ergehen ließ. Zuvor hatte der 55-Jährige dem Sohn befohlen, ein paar Schritte zur Seite zu gehen und sich dann umzudrehen.

Mindener Tageblatt/mt-online, 10. Februar 2004

13 Jahre Haft für Mord an Exfrau
Mann aus Pattensen in Bremen verurteilt / 39-Jährige an ihrem Arbeitsplatz im Hotel erstochen

Der 41-jährige Michael M. aus Pattensen ist gestern vom Landgericht Bremen wegen Mordes zu 13 Jahren Gefängnis verurteilt worden. M., der der Polizei als »Stalker«, bekannt war, hatte im März seine Ehefrau mit mehreren Messerstichen an ihrer Arbeitsstelle in Bremen getötet. Vor der Tat handelte es sich um einen klassischen Fall des sogenannten Stalkings – der Verfolgung im Liebeswahn. Nach der Trennung im Sommer 2004 hatte der Pattenser seiner Frau Corinna über Monate nachgestellt und sie belästigt.

Hannoversche Allgemeine Zeitung, 13. Oktober 2005

Bewährung und Geldstrafe für prügelnden Ehemann. Amtsgericht verurteilt 42-Jährigen wegen Körperverletzung

Aurich. Wegen vorsätzlicher Körperverletzung, sexueller Nötigung und wiederholter Bedrohung seiner Ehefrau musste sich gestern ein 42 Jahre alter Mann aus Aurich vor dem Amtsgericht verantworten. Das Gericht verurteilte ihn zu einer Freiheitsstrafe von zwei Jahren, die über vier Jahre zur Bewährung ausgesetzt wurden. Außerdem muss er 2700 Euro an eine gemeinnützige Einrichtung zahlen.

Obwohl der Angeklagte die Vorwürfe hartnäckig bestritt, sah es das Gericht als erwiesen an, dass er seine Frau über Jahre hinweg mit körperlicher und psychischer Gewalt unter Druck gesetzt habe. Seine Frau hätte ihn verlassen wollen und er habe versucht, sie umzustimmen, so der 42-Jährige in der Verhandlung. [...]
Immer häufiger kam es zu lautstarken Wortgefechten, wiederholt schlug der Mann einfach zu. Einmal versuchte er sogar, seine Frau zu vergewaltigen. Eifersüchtig überwachte er sie, kontrollierte Telefonrechnungen und Handy und spionierte ihr nach. Die beiden sieben und 14 Jahre alten Kinder des Paares litten zunehmend unter den häuslichen Aggressionen. Als die Frau beschloss, sich zu trennen, verlor der 42-Jährige die Fassung.»Ich lösch euch alle aus!«, drohte er seiner Frau und den Kindern [...]. Mehrere Zeugen bestätigten vor Gericht das gewaltgeladene Verhalten.

Staatsanwalt Klaus Visser sprach von einem »heftigen Ehekrieg«, von dem im Verlauf der Verhandlung »nur die Spitze des Eisbergs« zu erkennen gewesen sei und forderte zweieinhalb Jahre Haft ohne Bewährung.

Ostfriesische Nachrichten, Online-Ausgabe, 21. November 2005

Jede Zeitungsmeldung klingt wie ein schockierender Einzelfall – Statistiken aus der Arbeit von Polizei und Justiz zeigen jedoch, dass diese Einzelfälle sich zu erschreckenden Zahlen summieren. Ganz genau lässt sich das Ausmaß solch schwerer Gewalt in Partnerschaften dennoch nicht bestimmen. Ein Grund dafür ist, dass viele Frauen, die zu Hause misshandelt werden, darüber schweigen und sich weder an die Polizei noch an eine Beratungsstelle wenden. Diese Frauen tauchen in keiner Statistik auf. Hinzu kommt, dass in einigen Polizeistatistiken »häusliche Gewalt« nicht gesondert gezählt wird, sondern in den Daten über Körperverletzungen und anderen Delikten »versteckt« ist.

Dennoch gibt es Anhaltspunkte. Im Jahr 2005 wurden in Nordrhein-Westfalen, dem bevölkerungsreichsten Bundesland, 17 991 Fälle von »häuslicher Gewalt« angezeigt, in Baden-Württemberg zählt die Polizei jährlich etwa 11 000 Fälle, in Niedersachsen knapp 7000 und in Hessen ungefähr 5000. In diesen Summen sind einfache und schwere Körperverletzungen, Bedrohungen, Nötigungen, aber auch Vergewaltigungen und Tötungen enthalten. Einen weiteren Hinweis auf den Umfang des Problems gibt die Nutzung von Frauenhäusern: Dort suchen jedes Jahr etwa 45 000 Frauen Schutz vor der Gewalt ihres Ehemanns oder Lebensgefährten, oft gemeinsam mit ihren Kindern.

Diese Zahlen umreißen das sogenannte Hellfeld häuslicher Gewalt – das sind die Fälle, die in den Blick von Polizei und Hilfeeinrichtungen gelangen. Und so viel uns das auch erscheinen mag: Es ist nur ein kleiner Teil des tatsächlichen Ausmaßes. Das zeigen auch die Ergebnisse der Dunkelfeldforschung. Diese Untersuchungen ermitteln durch anonyme Befragungen, wie viele Menschen Opfer von Gewalt geworden sind, unabhängig davon, ob diese Taten angezeigt wurden oder ob die Betroffenen sich an eine Hilfeeinrichtung gewandt haben. Einige solcher Studien, u. a. aus Deutschland, Österreich und der Schweiz, haben schon in den neunziger Jahren die Vermutung aufkommen lassen, dass die Zahl der Betroffenen viel höher liegt, als in den Polizeistatistiken erfasst ist.

- 1990 stellte die »Unabhängige Regierungskommission zur Verhinderung und Bekämpfung von Gewalt« fest, dass die Kenntnisse über Gewalt in Familien und Gewalt gegen Frauen sehr lückenhaft seien und das Ausmaß deshalb nur geschätzt werden könne. Die Kommission ging davon aus, dass es in der Bundesrepublik zwischen 100 000 und einer Million betroffener Frauen gebe.

- 1991 schätzte eine Dunkelfeldstudie des österreichischen Bundesministeriums für Jugend und Familie, dass jede fünfte bis zehnte Frau Opfer von Gewalt durch den Partner ist.[1]
- 1997 ergab eine Befragung von 1500 Schweizerinnen, dass jede fünfte von ihnen mindestens einmal Opfer körperlicher oder sexueller Gewalt durch ihren Partner geworden war, etwa 40 Prozent hatten psychische Gewalt (Beleidigungen, Gewalt durch Drohungen oder Ein- und Aussperren) erlebt.[2]

Um das Problem genauer beurteilen zu können, hat das Bundesfamilienministerium 2001 die erste repräsentative Befragung über Gewalt gegen Frauen in der Bundesrepublik in Auftrag gegeben.[3] Für diese Untersuchung berichteten mehr als 10 000 Frauen zwischen 16 und 85 Jahren über ihre Gewalterfahrungen. Die Wissenschaftlerinnen fragten auch nach den Folgen von Gewalt und untersuchten, welche Erfahrungen die Betroffenen mit der Polizei sowie sozialen und medizinischen Hilfeangeboten gemacht hatten. Das Ergebnis: Jede vierte Frau wird mindestens einmal in ihrem Leben Opfer von Gewalt durch ihren Ehepartner, ihren Freund oder Geliebten. Das Spektrum der Taten ist breit und reicht von sexuellen Übergriffen bis zu unterschiedlichen Formen körperlicher und seelischer Gewalt. Gewalt gegen Frauen wird auch am Arbeitsplatz und in der Freizeit, auf der Straße und zu Hause verübt. Die eigene Wohnung ist jedoch ein besonders gefährlicher Ort für Frauen. Die beiden Schaubilder zeigen es deutlich: Frauen erleben in ihren Partnerschaften mehr Gewalt als überall sonst im Leben.

Expertinnen und Experten haben diese Ergebnisse nicht überrascht. Sie bestätigen die Erfahrungen vieler Kriminologen und Strafrechtler. Kai Bussmann, Professor für Strafrecht an der Universität Halle-Wittenberg, resümiert knapp: »Es gibt in unserer hoch zivilisierten Gesellschaft keinen unsichereren Ort als die Familie.«[4]

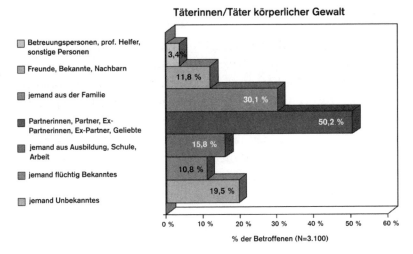

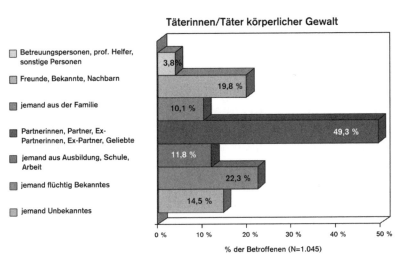

Abb. 1: Täterinnen/Täter körperlicher und sexueller Gewalt[5]

Das klingt zynisch, aber es trifft den Kern: Gewalt in der Familie ist weiter verbreitet als jede andere Gewaltform – allerdings bleibt sie unsichtbar. Umso wichtiger ist es, diese Tatsache im öffentlichen Bewusstsein und im Bewusstsein jedes Einzelnen zu verankern.

Die Spuren der Gewalt

Die Auswirkungen dieser Übergriffe sind gravierend: Zwei Drittel der Opfer werden körperlich verletzt: Prellungen über Verstauchungen bis hin zu Verbrennungen, Knochenbrüchen und offenen Wunden. Etwa genauso viele Frauen tragen psychische Folgen davon, wie lähmende Ängste und Depressionen bis hin zu Selbstmordabsichten; sie leiden unter Magengeschwüren, Essstörungen oder Alkoholproblemen. Manche Opfer sind durch ständige Drohungen und Übergriffe so belastet, dass sie ihren Alltag, ihren Job oder die Versorgung der Kinder nur noch mit Mühe oder gar nicht mehr bewältigen können.

Die Gewaltsituation beeinträchtigt viele Betroffene auch materiell und finanziell. Sie geben z. B. bei einer Flucht ihre Wohnung oder den Anteil am gemeinsamen Haus auf und verzichten auf die Ansprüche daran, um mit dem Täter nichts mehr zu tun haben zu müssen. Manche Frauen verzichten aus Angst vor neuen Bedrohungen und Repressalien auf Unterhaltszahlungen, Schadensersatz oder Schmerzensgeldansprüche. Viele Opfer müssen zusätzlich soziale Konsequenzen ertragen: Misshandelte Frauen sind häufig sehr isoliert. Sie haben kein »Unterstützungsnetzwerk« von Freunden, Verwandten oder Nachbarn, weil diese Kontakte vom Partner immer wieder systematisch unterbunden worden sind. Leider kommt es auch vor, dass Frauen ihre sozialen Kontakte verlieren, nachdem sie die Misshandlung öffentlich gemacht haben – und sich Verwandte oder Freunde dann von ihnen abwenden.

Ein weiterer, dramatischer und folgenschwerer Aspekt der häuslichen Gewalt betrifft die Kinder. Sie leiden immer darunter, wenn ihre Mutter misshandelt wird. Entweder werden sie ebenfalls geschlagen, oder sie müssen die Gewalt zwischen ihren Eltern miterleben. Beides hat Konsequenzen. Auch wenn Kinder die Übergriffe »nur« miterleben, kann das ihre Entwicklung gravierend beeinträchtigen – ablesbar an Verhaltensauffälligkeiten, an Leistungsstörungen in der Schule, an aggressivem Verhalten oder Depressionen. Hinzu kommt, dass Kinder, die oft familiäre Gewalt erleben, sie als eine »normale« Verhaltensweise wahrnehmen. Im schlimmsten Fall geraten die Mädchen als erwachsene Frauen an gewalttätige Männer, und Jungen schlagen selbst später ihre Partnerinnen.

Und was ist mit den Männern?

Und was ist mit den Männern? Werden sie nicht ebenso Opfer von Gewalt? Eine seriöse Antwort ist nicht ganz leicht. Laut Kriminalstatistik sind Jungen und Männer die häufigsten Opfer von Gewaltkriminalität insgesamt. Das gilt jedoch nicht für Gewalt in Beziehungen. Dort ist das Ausmaß von Übergriffen gegen Männer sehr schwer zu beurteilen, denn Beziehungsgewalt gegen Männer ist ein relativ unerforschtes Thema.

Polizeistatistiken über Gewalt in Familien zeigen, dass in etwa 10 Prozent der angezeigten Fälle Männer die Opfer sind. Täter sind in diesen Fällen Ehefrauen und Lebensgefährtinnen, zum Teil aber auch andere Männer, z. B. homosexuelle Partner oder andere Familienmitglieder. Das sieht danach aus, als wären Männer in Partnerschaften deutlich seltener Opfer als Frauen. Fachleute geben aber zu bedenken, dass geschlagene Männer noch höhere Hemmschwellen als Frauen überwinden müssen, bevor sie sich an die Polizei wenden, und dass sie deshalb möglicherweise in der Statistik unterrepräsentiert sind.

Einige Einblicke hat 2004 eine Pilotstudie im Auftrag des Bundesfamilienministeriums gebracht, in der knapp 300 Männer nach ihren Erfahrungen mit Gewalt gefragt wurden.[6] Die Ergebnisse sind zwar nicht repräsentativ, aber sie haben Tendenzen sichtbar gemacht: Auch Männer werden in allen Lebensbereichen Opfer von Gewalt, in der Freizeit und in der Öffentlichkeit, am Arbeitsplatz, aber auch in der Familie und in der Partnerschaft. Im Unterschied zu Frauen erleben Männer jedoch erheblich mehr Gewalt durch unbekannte Täter oder im Bekanntenkreis, sozusagen in der »Öffentlichkeit«. Hier sind 80 bis 90 Prozent der Täter Männer, und zwei Drittel davon waren dem Opfer vor der Tat unbekannt. Zugespitzt könnte man sagen: Gewalt gegen Frauen ist Männergewalt, Gewalt gegen Männer auch.

Ungeklärt ist nach wie vor, wie groß die Zahl der Männer ist, die innerhalb von Beziehungen Gewalt erleben. Deshalb bleibt vorläufig ungewiss, ob das Problem tatsächlich unterschätzt wird, weil die meisten betroffenen Männer ihre Gewalterfahrungen geheim halten oder weil Gewalt gegen Männer nicht zu unseren Vorstellungen von »Beziehungsgewalt« passt. Obwohl die Wissenschaft also bisher nur wenig dazu sagen kann, wie verbreitet Gewalt gegen Männer in Beziehungen tatsächlich ist, behaupten Medienberichte immer wieder, dass Frauen genauso »brutal« und »gewalttätig« seien wie Männer. Dafür existieren bisher keine stichhaltigen Beweise. Natürlich lässt sich nicht bezweifeln, dass auch Männer in Beziehungen Gewalt erleiden und dass auch Frauen gegen ihren Partner Gewalt ausüben. Ein gegenseitiges Aufrechnen ist aber genauso unsinnig wie das Klischee, Männer seien immer nur Täter und Frauen ausschließlich Opfer. Produktiver und vernünftiger ist es, Gewalt in Beziehungen als gravierendes gesellschaftliches Problem ernst zu nehmen und allen Betroffenen Hilfe und Schutz zu gewähren. Klischees helfen niemandem. Hilfreich wäre aber eine insgesamt »opferfreundliche« Atmosphäre, also ein soziales Umfeld, in dem weder Frauen noch Männer verachtet, diskriminiert oder lächerlich gemacht werden, wenn sie Gewalt erleben.

»Pack schlägt sich, Pack verträgt sich« – Vorurteile und Mythen über Gewalt gegen Frauen

»Geschlagene Frauen sind das. Behaupten sie jedenfalls. In Wirklichkeit haben ihre Männer ihnen höchstens ein bisschen auf die Finger geklopft, wenn sie aufmüpfig waren. [...] Vor ein paar Wochen waren zwei von denen hier, und da kommt so ein armer Kerl rein und greift sich die eine und bittet sie heimzukommen. Die hat ihn mit den Kindern sitzen lassen, also, ich bitte Sie. Natürlich spurt die nicht, kann man sich ja denken, oder? Hat sie wahrscheinlich noch nie. Also wehrt sie sich und stößt ihn weg. Und er fängt an, sie zu vertrimmen, war ja praktisch dazu gezwungen, und wie sich die andere einmischt und ihn mit den Fäusten traktiert, musste ich dazwischengehen. Raus mit euch, habe ich gesagt –

hätten Sie doch auch, oder? – alle miteinander und lasst euch hier nicht wieder blicken. Eigentlich tat's mir leid, ihn auch rauszuschmeißen, er schien ein recht ordentlicher Kerl. Wissen Sie was? [...] Wenn früher die Leute geheiratet haben, musste die Frau versprechen, dass sie ihm gehorcht. Ein Jammer, dass man das geändert hat, wenn Sie mich fragen ...«[7]

So redet der Kneipenwirt auf seinen Gast ein, der Zeuge dabei wurde, wie der Wirt vier Frauen aus dem benachbarten Frauenhaus barsch die bestellten Getränke verweigerte. Die Krimiautorin Ruth Rendell hat mit dem Statement des Wirts ein typisches Vorurteil über Gewalt in Beziehungen umrissen. Es lautet: Frauen sind im Grunde selbst schuld, wenn sie geschlagen werden; und Männer, die ihre Frauen schlagen, tun das nur deshalb, weil sie sich nicht anders gegen ihre »aufmüpfigen« Partnerinnen durchsetzen können. Man sollte hoffen, dass Kneipenwirte mit solchen Ansichten im Zeitalter der Gleichberechtigung von Mann und Frau eine bizarre Übertreibung oder wenigstens eine Ausnahme sind. Aber Aussagen wie die folgenden sind noch immer weit verbreitet:

- »Pack schlägt sich, Pack verträgt sich!«
- »Nur weil einer mal zuschlägt, ist das doch kein Grund, gleich wegzulaufen!«
- »Mir ist höchstens mal die Hand ausgerutscht.«
- »Als Mann kann man sich doch nicht alles gefallen lassen!«
- »Wahrscheinlich hat sie ihn provoziert!«

Gewalt als Bestandteil einer Ehe ist seit Jahrzehnten verboten: In Deutschland wurde das Recht von Männern, ihre Frau zu züchtigen, 1928 endgültig abgeschafft. In den Jahrhunderten davor war die Ausübung von Gewalt gegen Frauen jedoch juristisch und gesellschaftlich legitimiert. Männer hatten ganz selbstverständlich das Recht, ihre Frau, ihre Kinder – und, falls vorhanden, die Dienstboten – mit Gewalt zum Gehorsam zu zwingen. Gewalt war ein normaler Teil des Lebens, innerhalb und außerhalb von Familien. Das hat sich in vieler Hinsicht grundlegend geändert. Insgesamt ist unsere Gesellschaft in den letzten Jahrzehnten sehr sensibel gegenüber allen Formen von Gewalt geworden. Das zeigt sich zum Beispiel an den immer wiederkehrenden, auch öffentlich geführten Diskussionen über Gewalt in den Medien, Gewalt an Schulen usw. An diesen Debatten lässt sich erkennen, dass wir im Prinzip Fortschritte machen. Wir haben einen breiten und festgefügten gesellschaftlichen Konsens, der Gewalt gegen andere Menschen ablehnt. Gewalt ist »geächtet«, lautet die Formel, die diese Haltung zusammenfasst. Körperliche Auseinandersetzungen gelten – außer in einigen Sportarten und vielleicht unter kleinen Kindern – als unzivilisiert, ungerecht und überflüssig. In vielen Zusammenhängen sind solche Taten sogar strafbar.

Aber das ist nur die eine Seite. Für Männergewalt gegen Frauen gelten offenbar andere Maßstäbe. Die Täter werden oft entschuldigt, ihre Taten verniedlicht. »Was sollte er denn machen?«, heißt es dann zum Beispiel, »Sie ist ihm doch verbal absolut überlegen. Da wusste er sich wohl nicht anders zu helfen und hat zugeschlagen …« Oder: »Man kann ihn auch irgendwie verstehen, der Stress bei der Arbeit, die Kredite für das Haus und dann dieser Autounfall – ihm ist das alles wohl über den Kopf gewachsen und dann ist ihm eben mal die Hand ausgerutscht …«

Offensichtlich haben die knapp 80 Jahre seit Abschaffung des Züchtigungsrechts in der Ehe nicht gereicht, um Vorstellungen den Boden zu entziehen, die seit Jahrhunderten die Machtverhältnisse und -missverhältnisse zwischen Männern und Frauen zementieren. Gewalt wird immer noch damit erklärt und legitimiert, dass Frauen sich in einer Beziehung besser unterordnen sollten und dass Männer ihre Position im Zweifelsfall mit allen Mitteln durchsetzen dürfen.

Der gesellschaftliche Umgang mit Gewalt ist also widersprüchlich. Einerseits haben wir Gesetze, die Gewalt ächten und bestrafen, andererseits hält sich äußerst hartnäckig eine Reihe von Mythen und Vorurteilen, die Gewalt entschuldigen und verharmlosen. Diese Mythen und Vorurteile behaupten zum Beispiel: So etwas passiert sehr selten (= nur bei sozial schwachen oder ungebildeten Menschen), die Männer können meistens selbst nichts dafür, sondern sind entweder überfordert (= Stress) oder krank (= Alkohol) und darüber hinaus können Frauen Einiges tun, um Gewalt zu verhindern (= den Mann nicht provozieren). Solche Klischees haben fatale Folgen für die Betroffenen. Denn sie signalisieren Verständnis für den Täter und eine Mitschuld des Opfers. Dadurch schaffen sie eine Atmosphäre, die es den Opfern sehr schwer macht, sich zu »outen« und über ihre Lage zu sprechen. Die Täter dagegen können sich durch diese Ansichten geschützt fühlen. Sie können auf ein – zumindest heimliches – Verständnis der meisten Mitmenschen bauen.

Mythos Nr. 1: »Pack schlägt sich, Pack verträgt sich« – Oder: Das kommt doch in unseren Kreisen nicht vor.

Viele Menschen glauben, dass Gewalt nur in armen oder ungebildeten Familien ausgeübt wird und dass Gewalt in »Problemfamilien« eben irgendwie zum Alltag gehört. Das ist schlicht falsch. Zahlreiche nationale und internationale Untersuchungen haben nachgewiesen, dass Gewalt in allen gesellschaftlichen Schichten vorkommt – unabhängig von der Einkommenssituation, vom Bildungsstand und vom gesellschaftlichen Status. Die sozialen Unterschiede zeigen sich allerdings darin, wie offenkundig die Übergriffe sind bzw. wie erfolgreich sie getarnt und verschleiert werden können. Natürlich ist Gewalt auffälliger, wenn sie in einer Etagenwohnung verübt wird und die Nachbarn einiges mitbekommen, als wenn Täter und Opfer in einem Haus mit großem Garten wohnen und die Nachbarn Streit und Schreie nicht hören. Außerdem verüben Täter unterschiedlicher sozialer Herkunft unterschiedliche Arten von Gewalt. So berichten Frauen von gutsituierten, gebildeten Männern öfter, dass sie unter einen enormen psychischen Druck gesetzt werden oder dass der Partner damit droht, er wisse genau, womit oder wohin er schlagen müsse, um keine sichtbaren Spuren zu hinterlassen.

Das folgende Beispiel aus einer Gerichtsakte illustriert, dass Gewalt in »besseren Kreisen« ebenso dramatisch eskalieren kann wie bei »kleinen Leuten«.

»Am 15. 9. 2003, einem Sonntag, um 7.35 Uhr erschien die Ehefrau des Klägers auf der Polizeiwache [...] und gab in einem längeren Gespräch unter Nennung zahlreicher Einzelheiten im Wesentlichen an, dass ihr Ehemann, der in der Nacht zuvor von einem Ärztekongress zurückgekehrt sei und sie dabei mit einem anderen Mann angetroffen habe, sie gegen 7.15 Uhr in alkoholisiertem Zustand u. a. mit einem Motorradhelm verprügelt und sinngemäß geäußert habe, sie totschlagen zu wollen, er habe die nächtliche Situation wohl als Ehebruch interpretiert. Die Beamten stellten bei der Ehefrau des Klägers [...] einen blutigen Riss an der rechten Hand und einen massiven Bluterguss am rechten Oberarm fest. Daraufhin ließen die Beamten die Ehefrau des Klägers einer stationären Behandlung zuführen. [...] Gegen 8.30 Uhr suchten die Polizeibeamten den Kläger in seiner Wohnung auf, wo sie ihn unter für sie offensichtlichem Alkoholeinfluss antrafen. Konfrontiert mit dem gegen ihn erhobenen Tatvorwurf, zeigte sich der Kläger minutenlang uneinsichtig. Der anschließende Versuch der Einsatzbeamten, dem Kläger Handfesseln anzulegen, war erst nach Überwindung erheblichen Widerstands des Klägers erfolgreich. [...] Während der Blutentnahme – die beiden Blutproben ergaben später eine Blutalkoholkonzentration von 2,21 bzw. 2,34 Promille – äußerte der Kläger nach dem Inhalt der Strafanzeige, dass er sich bei einflussreichen Personen beschweren werde, der Polizeibeamte noch lange an ihn denken werde, die Maßnahmen hinfällig seien, weil sie lediglich auf der Aussage einer Frau aufbauten, und seine Frau nicht zu Tode gekommen sei; als Arzt könne er schon einschätzen, wie stark er zuschlagen könne, damit niemand sterbe.«

Verwaltungsgericht Minden, 15. 1. 2003, Aktenzeichen 11 K 3324/02

Mythos Nr. 2: Er schlägt ja nur, wenn er getrunken hat.

Es ist eine Tatsache, dass Gewalt sehr oft unter Alkoholeinfluss passiert. Aber das bedeutet nicht, dass der Alkohol die Ursache oder der Grund für Gewalt ist. Alkohol löst lediglich die natürliche Bremse für Übergriffe. Alkohol senkt die Hemmschwellen und vermindert die Selbstkontrolle – aus diesem Grund trinken manche Männer, bevor sie zuschlagen, und prügeln, wenn sie getrunken haben. Andererseits werden viele Männer auch ohne Alkohol gewalttätig.

Und es gibt eine Menge Menschen, die sich betrinken, ohne dabei gewalttätig zu werden.

Mythos Nr. 3: »Ohne Rauch kein Feuer« – Oder: Wahrscheinlich hat sie ihn provoziert.

Die Behauptung, dass Frauen die Gewalt durch ihr Verhalten selbst ausgelöst haben, schreibt ihnen einen Teil der Schuld und Verantwortung für das Geschehen zu. Darüber hinaus rechtfertigen solche Vorstellungen sogar die Gewalt. Es lohnt sich, kurz darüber nachzudenken, womit eine Frau ihren Lebensgefährten zu einem Übergriff provozieren könnte: Damit, dass sie anderer Meinung ist als er? Damit, dass sie ständig an ihm herumnörgelt? Damit, dass sie fremdgegangen ist? Damit, dass sie nicht das getan hat, was er von ihr erwartet hat? Oder damit, dass sie die Kinder falsch erzieht? Man könnte weiter fragen, aber es bliebe dabei: Es gibt kein »Fehl«-Verhalten, mit dem sich Gewalt rechtfertigen ließe.

Mythos Nr. 4: Als Mann kann man sich schließlich nicht alles gefallen lassen.

Dieser Satz transportiert patriarchalische Vorstellungen. Danach hätten Männer mehr Rechte als Frauen und dürften über Frauen, vor allem über die »eigene« Frau, verfügen. Diese Denkweise sieht Männer als dominante Partner an, die alle wichtigen Entscheidungen zu treffen haben. Frauen sollen sich unterordnen und anpassen. Von dort ist es nur eine kleiner Schritt, die männliche Vormachtstellung notfalls auch mit Gewalt zu sichern oder wiederherzustellen. Ungewollt oder gewollt spiegelt sich dieser Mythos auch in der Medienberichterstattung wider. Viele Journalisten beschreiben den Hintergrund häuslicher Übergriffe mit der Formulierung: »… die Ehefrau, Freundin … hatte zuvor gedroht, den Täter zu verlassen …« Zumindest sprachlich wird hier das Verhältnis von Opfer und Täter auf den Kopf gestellt: Die Frau hat *gedroht*, der Mann hat sich gewehrt.

Mythos Nr. 5: In jeder Ehe gibt's mal Krach!

Das stimmt – Beziehungen ohne Streit und Konflikte sind äußerst selten. Dennoch hat diese Feststellung einen gefährlichen Haken. Denn zwischen einem Streit (=»Krach«) und Gewalt in einer Beziehung bestehen gravierende Unterschiede: Bei einem Streit haben die Kontrahenten ungefähr gleich starke Positionen, es geht um die Sache, »gefochten« wird mit Argumenten – und es bleibt offen, wie die Konfrontation ausgeht. Anders ist es bei Gewalt: Zwischen den Gegnern besteht ein Machtungleichgewicht (durch körperliche Überlegenheit, durch finanzielle Macht, durch Bewaffnung), das der Mächtigere ausnutzt, um seine Interessen durchzusetzen. Er siegt immer, der andere unterliegt immer. Deshalb darf man Gewalt nicht als »Streit« verharmlosen.

Mythos Nr. 6: Sie hat sich den Mann doch selbst ausgesucht.

Diese Aussage unterstellt misshandelten Frauen, dass sie die Gewalt billigend in Kauf nehmen oder damit einverstanden sind, wenn sie geschlagen werden. Das ist zynisch und irreführend. Denn kaum ein Mann ist von Beginn der Beziehung an aggressiv oder brutal. Im Gegenteil: Die meisten sind am Anfang »ganz normal«, viele sind sogar sehr charmant, fürsorglich und aufmerksam. Die körperlichen oder seelischen Attacken starten sie erst später. Der fürsorgliche, ritterliche Beschützer wandelt sich zum Kontrollfreak, der jeden Schritt seiner Partnerin überwacht. Aus leidenschaftlicher Verliebtheit wird rasende Eifersucht. Aus »Ich bin verrückt nach dir« wird »Ich habe ein Recht auf Sex, wann immer ich will«. Gewalt scheint zunächst eine Ausnahme, ein einmaliger Ausrutscher zu sein. Der Täter entschuldigt sich, verspricht, dass das nie wieder vorkommt – und selbstverständlich hoffen die betroffenen Frauen, dass das stimmt, oft Jahre lang. Und so kann Gewalt Stück für Stück ein »normaler« Bestandteil der Beziehung werden. Im Allgemeinen lässt sich keine Frau absichtlich oder mit Einverständnis schikanieren. Sie will einfach nur mit dem Mann leben, mit dem sie ein gemeinsames Leben geplant hat – und hofft, manchmal verstörend lange, dass er wieder der Mann wird, in den sie sich verliebt und den sie geheiratet hat.

Mythos Nr. 7: Sie kann ihn doch verlassen, wenn es wirklich so schlimm ist.

Um zu verstehen, warum das eine schwierige Entscheidung ist, hilft ein fiktives Beispiel[8].

Gisela Hauptmann ist seit acht Jahren verheiratet, sie und ihr Mann haben zwei Kinder. Seit drei Jahren wohnt die Familie in einem lange ersehnten eigenen Haus. Die finanziellen Belastungen sind allerdings hoch, beide Eltern müssen Geld verdienen. Frau Hauptmann arbeitet als Verkäuferin in einem Supermarkt, Herr Hauptmann ist Versicherungsvertreter und arbeitet auf Provisionsbasis. In seiner Firma gibt es Umstrukturierungen, Herr Hauptmann macht sich Sorgen um seinen Job. Er ist oft gestresst, immer häufiger schreit er sie und die Kinder an. Manchmal schlägt er auch zu. Es ist ziemlich schwierig geworden, mit ihm auszukommen. Letzte Woche hat er sie so heftig mit der Faust ins Gesicht geschlagen, dass sie ein blaues Auge hatte. Damit hat sie sich nicht zur Arbeit getraut und sich für ein paar Tage krank gemeldet. Die Situation belastet Frau Hauptmann zunehmend und sie überlegt, ob es besser wäre, sich von ihrem Mann zu trennen. Andererseits: Wäre ihr Leben dann nicht noch schwieriger? Und die Kinder? Vor allem der achtjährige Sohn hängt sehr an seinem Vater ...

Gisela Hauptmanns Situation ist zwar fiktiv, ihr Dilemma bildet jedoch die Realität vieler betroffener Frauen ab. Auch wenn auf den ersten Blick vieles für eine Trennung spricht – auf den zweiten Blick stehen oft genauso viele Gründe dagegen. Da ist die Angst, nicht allein zurechtzukommen, denn eine Trennung bringt vielen Frauen erhebliche wirtschaftliche und finanzielle Nachteile. Dann stellt sich die Frage, wie die Kinder eine Trennung verkraften – entzieht sie ihnen dann nicht aus egoistischen Motiven ein Familienleben? Dazu kommt die bange Frage, ob sie nicht selbst schuld an der Situation ist und als Partnerin versagt hat.

In manchen Fällen kann eine Trennung ein zusätzliches »Sicherheitsrisiko« sein. Betroffene Frauen spüren es mehr, als sie es wissen: Eine Trennung oder die erklärte Absicht, den Partner verlassen zu wollen, erhöht die Gefahr, dass dieser öfter und härter zuschlägt. Denn viele Männer versuchen, mit allen Mitteln zu verhindern, dass sie verlassen werden: Sie bedrohen ihre Frau oft so massiv (»Ich werde dich überall finden«), dass diese jeden Mut verliert, zu gehen und sich ihren Frieden, ihre Selbstachtung und ihre körperliche Unversehrtheit zu sichern.

Mythos Nr. 8: Er war im Stress, da ist ihm die Hand ausgerutscht.

Auch dies ist eine häufig zu hörende Entschuldigung für Gewalt. Im Grunde bedeutet der Satz: »Das kann mal passieren, das ist nicht so schlimm, das sollte man nicht hochspielen.« Machen wir die Gegenprobe: Rolf Meier erzählt in der Kaffeepause seinen Kollegen im Vertrauen, dass Bernd Müller ihm auf dem Weg zur Projektbesprechung einen Fußtritt verpasst und den Ellenbogen in die Rippen gerammt hat. Rolf Meiers Kollegen versuchen, ihn zu beschwichtigen, indem sie erklären: »Bernd ist gerade so im Stress mit dem Abgabetermin für das Projekt, da ist ihm eben mal der Gaul durchgegangen.« Man darf vermuten, dass der getretene Kollege sich mit dieser Erklärung nicht zufriedengeben wird. Und er hat Recht – Frust und Stress sind keine Entschuldigung für Übergriffe auf andere.

Die Vorstellung, dass Gewalt ein Ausrutscher ist, verharmlost Gewalt in Beziehungen auf vollkommen unzulässige Weise. Wie kann es sein, dass Männer in beruflichen Situationen immer die Beherrschung wahren und im familiären Raum dagegen ihrem Stress und Ärger freien Lauf lassen? Die meisten gewalttätigen Männer tun das weder zufällig noch einmalig. Sie haben sich dafür entschieden, ihre Aggressionen dort durch gewalttätige Übergriffe auszuleben, wo sie am wenigsten entdeckt und bestraft werden können: im privaten Schutzraum der Familie und an den Menschen, die sich aus vielen Gründen am schlechtesten gegen sie wehren können: an ihrer Frau – oft auch an ihren Kindern.

Mythos Nr. 9: Das ist doch Privatsache – da mischt man sich am besten nicht ein.

»Trauschein ist Hauschein« lautet ein geflügeltes Wort in einigen Regionen unseres Landes – und bringt damit auf eine so kurze wie schreckliche Formel, dass Gewalt in Beziehungen mit anderen Maßstäben gemessen wird als außerhalb von Partnerschaft und Familie. Selbstverständlich ist eine Heiratsurkunde kein Freibrief für Gewalt. Vor dem Gesetz sind Körperverletzungen und sexuelle Übergriffe immer Straftaten, ganz gleich, ob sie zwischen Beziehungspartnern oder Fremden verübt werden. Trotzdem verstecken sich viele Menschen ganz gern hinter der Devise, dass Gewalt »Privatsache« ist. Nichts sehen, nichts hören und – falls man doch etwas bemerkt – auf keinen Fall etwas sagen, das erspart uns Schwierigkeiten. Denn wer weiß schon, was passiert, wenn wir uns einmischen? Gewalt als Privatsache zu betrachten gibt uns die Rechtfertigung, uns herauszuhalten aus dem Problem der Nachbarin, der Arbeitskollegin, der Freundin. Auch dies stützt also die Gewaltstrukturen in Beziehungen: Es schützt den, der die Gewalt ausübt, und lässt das Opfer allein.

Mythen, Vorurteile und Klischees über Gewalt gegen Frauen sind keineswegs harmlos oder unwichtig. Sie beeinflussen unsere Wahrnehmung und den gesellschaftlichen Umgang mit dem Thema und damit die Situation der Opfer und Täter.

Mythen sind ein Teil des gesellschaftlichen Klimas. Sie wirken nicht nur auf privates Handeln, sondern auch auf der Ebene staatlicher Behörden. So wies ein spanisches Gericht im Januar 2004 die Klage gegen den Ehemann einer 22-jährigen Marokkanerin unter anderem mit der Begründung ab, die Frau sei zu gut angezogen für ein Opfer häuslicher Gewalt. Die Frau war in ein Frauenhaus geflohen, nachdem sie sechs Monate lang von ihrem Mann geschlagen worden war, und hatte ihn anschließend angezeigt. Der Richter befand jedoch, dass sowohl das gepflegte Äußere der Frau als auch ihr entschlossenes Handeln und ihr selbstbewusstes Auftreten vor Gericht nicht zu einem Gewaltopfer passen, und glaubte ihr nicht. In der spanischen Öffentlichkeit sorgte dieses Urteil für einige Aufregung bei Frauenverbänden und in der Politik – zu Recht.

In diesem Fall ist ein besonders perfides Vorurteil zum Zuge gekommen – es besagt: Opfer häuslicher Gewalt müssen unscheinbar und unterwürfig sein, damit sie glaubwürdig sind. Wenn sie sich dagegen als durchsetzungsfähig und attraktiv erweisen, haben sie offenbar keinen Schaden erlitten und sind keine »richtigen« Opfer.

Fazit: Mythen und Vorurteile verzerren die Wahrnehmung, wir sehen nicht die Realität, sondern das, was wir sehen möchten – oder was wir aushalten können. Darin liegt vermutlich der Grund dafür, dass Vorurteile über Gewalt, über Täter und Opfer so hartnäckig fortleben. Denn das Wissen, dass Gewalt in Partnerschaften häufig vorkommt, hat für viele Menschen unangenehme Folgen: Es macht ihnen Angst und erschüttert das Vertrauen in andere Menschen. Vor diesen unangenehmen Gefühlen können Mythen und Vorurteile in gewisser Weise schützen. Sie helfen, die schockierende Tatsache, dass Gewalt häufig vorkommt, umzudeuten und erträglich zu machen. Insofern haben Mythen und Vorurteile einen Sinn. Die Realität verunsichert und macht Angst – Mythen und Vorurteile helfen dabei, diese Angst abzuwehren. Damit wird verständlich, wieso diese Vorstellungen – allen Fakten zum Trotz – so langlebig und hartnäckig existieren. Mit dieser Erklärung dürfen wir uns allerdings nicht zufrieden geben. Wenn wir Gewalt wirkungsvoll ächten und Opfer ernst nehmen und schützen wollen, müssen wir Mythen und Vorurteilen auf allen Ebenen entgegentreten – in der Gesellschaft, in den Medien und im privaten Umgang.

Gewalt hat viele Gesichter ...

... und nicht alle Gesichter der Gewalt sind auf den ersten Blick zu erkennen. Wenn die Medien über Gewalt in Partnerschaften berichten, schildern sie in der Regel extreme Situationen: schwere Körperverletzungen, den Einsatz von Waffen, Vergewaltigungen, Tötungsversuche oder Tötungen. Das ist nicht »nur« gewalttätig, das ist ungesetzlich, also kriminell. Dass die Medien solche Fälle bevorzugt aufgreifen, heißt aber nicht, dass diese Gewaltformen am häufigsten vorkommen. Sehr viel häufiger, für manche Frauen sogar alltäglich, sind die weniger spektakulären Tätlichkeiten. Aber auch »alltägliche« Übergriffe können gravierend sein – das zeigen die folgenden Beispiele. Die Namen der Betroffenen sind fiktiv, und die geschilderten Lebenszusammenhänge sind verändert, aber was die Frauen berichten, ist so oder ähnlich traurige Realität.

»Manchmal rastet er einfach aus.«

Jutta Baumann fällt es nicht leicht, die Lebenssituation mit ihrem Freund zu beschreiben. Sie lebt seit sechs Jahren mit Markus zusammen. Kennengelernt haben sie sich bei der Arbeit, beide sind bei der gleichen Bank angestellt. Markus ist stellvertretender Abteilungsleiter im Immobilienbereich und hat diese Position ungewöhnlich jung, schon mit Ende Zwanzig, bekommen. Bei den Kollegen gilt er als zuverlässig, ehrgeizig und fleißig. Jutta erzählt: »Privat ist Markus nicht so ausgeglichen und souverän, wie alle denken, die ihn nur bei der Arbeit kennen. Zu Hause benimmt er sich oft ganz anders. Es nervt ihn unheimlich, wenn die Dinge nicht so laufen, wie er sich das vorgestellt hat. Dann brüllt er herum, knallt mit den Türen usw. Es kommt auch vor, dass dabei etwas zu Bruch geht. Neulich zum Beispiel, da wollte er, dass ich morgens noch schnell sein Hemd bügle. Ich hatte aber keine Zeit, weil ich einen Zahnarzttermin hatte, und habe gesagt: ›Das geht jetzt nicht, ich muss sofort los.‹ Da hat er losgeschrien, dass ich mich nicht so anstellen soll, wenn er mich einmal um etwas bittet, dass er diese Zickereien wegen der Hausarbeit langsam satt hat und so weiter – ich weiß es gar nicht mehr genau. Jedenfalls stand er da mit dem Hemd und dem Bügeleisen und dann hat er das Bügeleisen so heftig auf die Tischplatte geknallt, dass ich dachte, jetzt ist es kaputt.

Ich war total erschrocken. Nach solchen Auftritten zittern mir manchmal noch Stunden später die Knie, wenn ich daran denke. Ich bin dann gegangen. Das ist auch das Beste in diesen Situationen. Er braucht immer eine Weile, bis er sich abreagiert hat. Abends habe ich gesehen, dass in der

Tischplatte eine Delle war an der Stelle, auf die er das Bügeleisen geknallt hatte. Wir haben dann nicht mehr darüber geredet. Das tun wir eigentlich nie. Er rastet eben manchmal aus – und danach ist für eine Weile Ruhe. Einmal hat er den Mülleimerinhalt auf den Boden gekippt. Ich weiß gar nicht mehr, was damals der Grund war. Und er hat mir auch schon mal eine Ohrfeige gegeben, zwei- oder dreimal, wenn wir uns gestritten haben. Ich versuche eigentlich immer, bei Meinungsverschiedenheiten ruhig zu bleiben. Aber wenn ich dann auch mal laut werde oder widerspreche, flippt Markus auf jeden Fall aus. Ich will ihn aber auch nicht schlecht machen. Er hat ja eine Menge gute Seiten. Ich hoffe einfach, dass es mit seinen Ausrastern besser wird, wenn er in der Bank nicht mehr so viel Stress hat ...«

»*Mein Mann ist ziemlich eifersüchtig.*«

... sagt Sonja Gruber, »und das war er eigentlich immer schon. Jedenfalls ist es mir von Anfang an aufgefallen, dass er sich immer schnell aufgeregt hat, wenn ein anderer Mann anfing, sich für mich zu interessieren, und sich mit mir unterhalten hat. Ich fand das nicht so schlimm, ich dachte, so ist das eben, wenn man richtig verliebt ist. Ich habe auch gedacht, dass es mit der Zeit bestimmt besser wird – sonst hätte ich ihn doch nicht geheiratet. Aber es wurde immer schlimmer – jetzt artet sein Verhalten manchmal geradezu in Psychoterror aus. Er ruft mindestens dreimal am Tag bei mir im Büro an und ist immer irgendwie eingeschnappt, wenn ich nicht zu erreichen bin.
Früher bin ich mit meinen Kollegen einmal im Monat nach der Arbeit Essen gegangen – das habe ich irgendwann aufgegeben. Es war so anstrengend, dass er nach solchen Abenden immer mindestens zwei Tage schlechte Laune hatte und man ihm nichts recht machen konnte. Manchmal muss ich abends an einem Geschäftsessen mit auswärtigen Kunden teilnehmen – dann ist es immer noch so: vorher drei Tage Nerverei, hinterher drei Tage schlechte Laune. Er wirft mir die absurdesten Dinge vor, dass ich das mache, um ihn zu provozieren, dass ich eine Affäre mit meinem Chef oder einem von den Kollegen hätte usw. Zweimal ist er mitgekommen zum Weihnachtsessen in unserer Firma. Ich hatte mich darauf

gefreut, weil ich dachte, er würde dann meine Kollegen nicht mehr so runtermachen, wenn er sie besser kennengelernt hätte. Aber die beiden Abende waren ziemlich furchtbar. Er hat fast nichts gesagt, und wenn, dann waren es nur sarkastische Bemerkungen. Gewalt würde ich das nicht nennen. Er hat mich noch nie geschlagen – aber manchmal hatte ich das Gefühl, dass er kurz davor war. Wenn ich mal zur Ruhe komme und über alles nachdenke, wird mir klar, warum er sich so verhält. Es ist bestimmt schwer auszuhalten für ihn, dass ich eine ganz gute Karriere gemacht habe, während er so viel Pech mit seinen Jobs hatte. Ich finde es nicht schlimm, dass ich jetzt mehr verdiene als er – aber für ihn ist das eine Katastrophe. Das merke ich zum Beispiel, wenn er Sprüche klopft wie ›Glaub bloß nicht, dass du hier alles allein bestimmst – das kannst du im Büro machen, aber nicht hier.‹ Solche Szenen kommen immer öfter vor – manchmal fürchte ich, dass er doch irgendwann um sich schlägt ...«

»Er hat mich überall schlecht gemacht.«

Angelika Berger hat sich vor einem halben Jahr von ihrem Mann getrennt, nachdem er sie bei einem Streit vor den Augen der Kinder zu Boden gestoßen hat. Sie ist mit den Kindern zuerst zu einer Freundin gegangen und wohnt jetzt in einer eigenen Wohnung. Ihr Mann droht, ihr die Kinder wegnehmen zu lassen, deswegen hat sie sich an eine Beratungsstelle gewandt. Dort erzählt sie auch die Vorgeschichte: »Ich habe von meinen Eltern eine Pension geerbt und mehrere Jahre allein geführt. Vor zehn Jahren habe ich meinen Mann kennengelernt. Er ist in das Geschäft eingestiegen, acht Jahre haben wir gemeinsam gelebt und gearbeitet und zwei Töchter bekommen. Vor zwei Jahren hatte ich eine schwere Operation, danach war ich nicht mehr arbeitsfähig. Deshalb mussten wir die Pension verkaufen. Danach ist unsere Ehe in die Brüche gegangen. Ich wollte es nur zuerst nicht wahrhaben. Mein Mann hatte seitdem keinen festen Job mehr, er arbeitete ab und zu in Hotels und in der Gastronomie. Er war zu der Zeit nur unregelmäßig zu Hause, kam oft erst nachts, und wenn er da war, haben wir nur noch gestritten. Er fand, dass ich die falschen Sachen eingekauft hatte oder dass das Essen nicht schmeckt oder dass ich zu viel Geld ausgegeben hatte. Er fand immer einen Anlass, mich zu beschimpfen und runterzumachen. Und wenn er da war, wollte er jede Nacht Sex – und weil ich Angst hatte, dass er laut wird und die Kinder weckt, wenn ich mich weigere, habe ich es immer über mich ergehen lassen.

Und dann kam der Abend, an dem er mich geschlagen hat – das war, weil ich dieses eine Mal nicht mit ihm schlafen wollte. Da war es vorbei für mich. Deshalb bin ich sofort ausgezogen. Und seitdem versucht er, mich mit den Kindern unter Druck zu setzen. Er darf sie alle zwei Wochen sehen und das ist immer ein totaler Stress: Entweder kommt er zu spät, oder er beschimpft mich, oder er heult, wenn er die Kinder zurückbringt, und sagt ihnen dann, dass es meine Schuld sei, dass sie ihn nicht öfter sehen dürfen. Die Kinder sind natürlich auch immer total durcheinander.

Von meiner Freundin weiß ich, dass er mich überall schlechtgemacht hat. Er behauptet, dass ich Steuern hinterzogen habe, und er erzählt ehemaligen Kunden, dass ich sie betrogen hätte. Ich habe überhaupt keine Chance, mich dagegen zu wehren, ich habe nur das Gefühl, dass die Leute mich schief ansehen und im Grunde nichts mehr mit mir zu tun haben wollen. Und jetzt will er das Sorgerecht für die Kinder haben und erzählt überall, dass ich zu labil bin, um mich richtig um die Kinder zu kümmern.«

»Alles hört auf sein Kommando ...«

Petra Grünfeld ist 36 Jahre alt und hat zwei Kinder, der Sohn Jannis ist fünf Jahre alt, Julia, die Tochter, ist zweieinhalb. Petra arbeitet als technische Zeichnerin in einem kleinen Architekturbüro, ihr Mann Michael ist 39 Jahre alt und arbeitet bei der Polizei. Sie leben seit acht Jahren zusammen, seit drei Jahren im neu gebauten Haus. Michael ist aus beruflichen Gründen viel unterwegs. Petra kümmert sich mit Hilfe ihrer Schwiegermutter allein um die Kinder. Es ist zwar nicht immer einfach, das zu organisieren, aber im Grunde geht es Petra am besten, wenn Michael nicht zu Hause ist.

Denn Petra hat Angst vor ihrem Mann. Schon am Tag bevor er nach Hause kommt, zittert sie innerlich in Erwartung seines ersten Wutausbruchs. Michael war immer schon ziemlich jähzornig, aber seit einiger Zeit rastet er praktisch bei jeder Kleinigkeit aus. Alles, was seine Frau und die Kinder tun, kann Anlass für seinen Zorn sein. Er schreit herum, beschimpft Petra auf übelste Art und Weise und lässt kein gutes Haar an ihr. Wenn er in dieser Stimmung nach Hause kommt, gibt es nichts, das ihn beruhigt – alles, was ihm in den Blick gerät, ist ein Anlass für Ärger, alles was die Kinder machen, nervt ihn. Auch die Kinder sind verängstigt und angespannt, wenn Michael zu Hause ist. Jannis weint dann viel – das bringt Michael erst recht auf die Palme.

Michael hat sie noch nie geschlagen, aber Petra hat Angst, dass das irgendwann passiert. Er hat sich in den letzten Jahren sehr verändert. Dauernd stellt er irgendwelche Regeln auf. Er hat ihr und den Kindern zum Bespiel verboten, bestimmte Räume im Haus zu betreten.

Geld ist auf jeden Fall immer ein Anlass für ihn, auf sie loszugehen. Seit sie das Haus gebaut haben, hat Michael alle finanziellen Angelegenheiten übernommen. Petras Gehalt geht seitdem auf ein gemeinsames Konto. Michael teilt ihr das Haushaltsgeld zu, allerdings so knapp, dass sie kaum damit über die Runden kommt. In manchen Monaten klappt es nur deshalb, weil die Schwiegermutter sich um das Essen für die Kinder kümmert und ihnen das eine oder andere neue Kleidungsstück kauft. Wenn Petra bei Michael für zusätzliche Ausgaben wie Geburtstagsgeschenke oder Ähnliches um mehr Geld bittet, flippt er fast immer aus. Über die Ausgaben, die er für sich macht, wird dagegen kein Wort verloren. Michael besitzt zwei Rennräder und hat sich im Keller eine Art Fitnessstudio eingerichtet.

Mit seiner aggressiven Stimmung und seinem Kommandoton hält Michael sich auch dann nicht zurück, wenn andere Menschen dabei sind. Er hat mit seinen verbalen Entgleisungen schon mehrere Geburtstagsfeiern verdorben. Auch das letzte Weihnachtsfest, als Petras Eltern für zwei Tage zu Besuch waren, war ziemlich schlimm. Petra war es wahnsinnig peinlich und sie hat sich bei ihren Eltern entschuldigt – aber deren Reaktion war zurückhaltend. Sie ist nicht sicher, wie ihre Eltern darüber denken. Seitdem waren sie nicht mehr zu Besuch – und auch sonst niemand. Petra will unter diesen Umständen niemanden mehr einladen.

Nähere Kontakte zu den Nachbarn in ihrem Neubauviertel hat Petra nicht. Sie grüßt alle und hat manchmal das Gefühl, dass einige sie neugierig mustern. Sie ist sich nicht sicher, ob die Nachbarn Michaels Wutaus-

brüche mitbekommen können – deshalb meidet sie Gespräche nach Möglichkeit. Außerdem hat Michael Jannis ein paar Mal in den Garten ausgesperrt, weil er so laut geweint hat – vielleicht ist den Nachbarn auch das aufgefallen.
Petra hat viel Gewicht verloren in den letzten Monaten, sie schläft schlecht – nachts liegt sie wach und denkt nach. Sie fragt sich, wie lange das noch so weitergehen kann. Die Kinder, vor allem Jannis, tun ihr leid. Sie glaubt, dass Michael und sie zu einer Eheberatung gehen sollten – aber sie kann sich schon seine höhnische Reaktion vorstellen. Ihn zu verlassen kommt für sie nicht in Frage. Wie sollte sie dann mit den Kindern klarkommen? Würde ihre Schwiegermutter ihre Enkelkinder dann überhaupt noch betreuen wollen? Allein für die Kinder sorgen zu müssen hätte gravierende Einschränkungen zur Folge: Ihr Gehalt reicht auf keinen Fall für eine Wohnung und alles andere. Mit ihrer Schwiegermutter will sie nicht darüber sprechen, um die gute Beziehung zu ihr nicht zu belasten. Ihre eigenen Eltern will sie aber auch nicht einweihen. Sie hat das Gefühl, dass es ihnen unangenehm wäre, darüber zu reden. Eine Scheidung käme für ihre Eltern niemals in Frage ...

Alles unter Kontrolle ...

Iris und Peter lernten sich kennen, als Iris in Peters Betrieb ein Praktikum machte. Sie studierte Gartenbau, er war der Juniorchef der Gartenbaufirma. Es war Liebe auf den ersten Blick zwischen der 23-jährigen Studentin und dem 35-jährigen Unternehmer. Sobald Iris das Studium beendet hatte, heirateten sie. Iris war schon vor der Hochzeit schwanger, ein halbes Jahr später bekam sie Zwillinge, zwei Jungen. Zur gleichen Zeit übernahm Peter die ganze Verantwortung für den elterlichen Betrieb, sein Vater zog sich aus dem Geschäft zurück. Iris hatte während ihres Studiums mit großer Begeisterung jüngere Studentinnen und Studenten betreut und wünschte sich, später einmal als Dozentin an ihrer alten Fachhochschule zu arbeiten.
Tatsächlich bot ihr ehemaliger Professor ihr einen Lehrauftrag an. Iris sollte sofort anfangen. Eine Bekannte, alleinerziehende Mutter einer zweijährigen Tochter, bot sich als Tagesmutter an Als Iris Peter davon berichtete, lehnte er kategorisch ab. Die Kinder seien zu klein und bräuchten ihre

Mutter. Und so habe er sich das Familienleben nicht vorgestellt. Schließlich arbeite er nicht 60 Stunden in der Woche für seine Familie, um eine Tagesmutter zu bezahlen. Iris war enttäuscht, sie argumentierte, dass es nur ein Teilzeitjob sei und dass sie von ihrem Gehalt die Tagesmutter zahlen wolle. Vergeblich – Peter blieb hart: »Das hat mir gerade noch gefehlt. Du bist doch nicht mal in der Lage, den Haushalt in Ordnung zu halten. Ausgerechnet du willst den Studenten etwas beibringen? Das ist eine vollkommen blödsinnige Idee!« Er redete sich in Rage, taub für Iris' Argumente. Sie lehnte das Angebot schweren Herzens ab.

Iris war nach diesem Streit erheblich verunsichert. Einerseits konnte sie ihren Mann verstehen – natürlich wäre es eine Umstellung für die Jungen gewesen. Andererseits: Wäre sie allein schon deswegen eine Rabenmutter, weil sie nach einem Jahr unbedingt arbeiten wollte? Schließlich hatte sie studiert und wollte ihre Fähigkeiten nicht brachliegen lassen. Peters Vorwürfe über ihre Haushaltsführung hatten sie getroffen. Sie wusste zwar, dass sie keine perfekte Hausfrau war, aber sie hatte angenommen, dass es auch Peter nicht so wichtig war, ob alle Sofakissen am richtigen Platz liegen.

Es hagelte immer wieder Vorwürfe – Iris war hin- und hergerissen zwischen Empörung und Schuldgefühl. Am Ende gewann das Schuldgefühl die Oberhand und Iris richtet sich ganz nach ihren Mann: Weil Peter es wichtig fand, dass die Fenster öfter geputzt werden, putzte jetzt sie jede Woche ein Fenster. Weil Peter sich über schmutzige Kleidung der Kinder ärgerte, zog sie die Jungen um, wenn sie vom Garten ins Haus kamen. Aber sie hatte nicht das Gefühl, dass Peter das bemerkte oder sich darüber freute. Ganz im Gegenteil: Er schien geradezu darauf zu lauern, Unordnung zu entdecken und einen Grund zu haben, Iris zu kritisieren. Außerdem begann er, ihr Aussehen zu bemängeln: »Wie du herumläufst, ist das Letzte. Ich weiß überhaupt nicht, wieso ich so viel Geld für deine Klamotten ausgebe – in diesen Säcken siehst du sowieso immer gleich aus.« Damit traf Peter einen wunden Punkt. Iris hatte während der Schwangerschaft zwanzig Kilo zugenommen – mehr als zehn davon waren geblieben und darunter litt sie sehr. Ihr Selbstbewusstsein ging nach dieser Attacke endgültig in den Keller.

Irgendwann teilte Peter ihr beiläufig mit, dass er ihr Auto ab jetzt öfter für den Betrieb brauchen werde. Sie könne den Wagen an einem oder zwei

Tage in der Woche benutzen, mehr sei nicht drin. Iris versuchte gar nicht erst zu protestieren. Was hätte sie auch sagen sollen? Dass das Auto ihre einzige Möglichkeit war, Bekannte und Freundinnen zu treffen? Denn überhaupt jemanden – womöglich eine Freundin mit Kindern – zu sich nach Hause einzuladen hatte sie sich schon vor Monaten abgewöhnt. Es war einfach zu viel Stress, die Wohnung hinterher so herzurichten und die aufgedrehten Zwillinge ruhig zu kriegen, um Peter keinen Grund zum Nörgeln zu geben.

Das alles ist ungefähr zwei Jahre her. Iris hat resigniert. Iris hat aufgehört, öfter als einmal pro Woche um das Auto zu bitten, weil es jedes Mal lange Diskussionen gibt. Wenn sie den Wagen für Einkäufe oder Arzttermine mit den Kindern benötigt, lässt Peter sich genau sagen, wann sie wieder zu Hause ist – oft genug schickt er im Laufe des Tages einen Mitarbeiter, der den Wagen wieder abholt. Treffen mit Freundinnen gibt es nur noch sporadisch – mit öffentlichen Verkehrsmitteln ist es mit den Zwillingen kompliziert. Peter hat sich angewöhnt, ihre Ausgaben zu kontrollieren; dabei kritisiert er auch öfter, dass sie zu viel Geld ausgibt. Die Stimmung ist eigentlich immer angespannt: Iris weiß nie, was passiert, wenn Peter nach Hause kommt. Manchmal albert er mit den Kindern herum, tobt mit ihnen durch die Wohnung, erzählt von der Arbeit. Manchmal zieht er sich sofort mit der Post an den Schreibtisch zurück und zischt Iris an, dass sie die Jungen ruhig halten oder sofort in Bett bringen soll. Iris ist von morgens bis abends erschöpft, sie fragt sich, wie es weitergehen soll ...

An diesen Beispielen wird klar: Neben der eindeutig kriminellen Seite, die wir aus den Medien kennen, hat Gewalt noch viele andere Facetten. Körperliche Gewalt durch Schläge und Ohrfeigen ist eine davon. Noch häufiger ist Gewalt mit Worten, in Form von Demütigungen und Beschimpfungen, Erpressungen oder Drohungen – oder durch das Ausspielen von Macht, zum Beispiel durch das willkürliche Zuteilen oder Verweigern von Geld. Anders als gegenüber »Fremden« können einander vertraute Menschen sehr subtile Gewaltformen gegen den anderen einsetzen. Je besser sie einander kennen, desto besser wissen sie auch, wie sie den anderen unter Druck setzen, einschüchtern und verletzen können. Außenstehende bemerken oft gar nicht, was passiert. Gewalt in Beziehungen kann von außen betrachtet sogar freundlich und fürsorglich erscheinen – wie bei dem Ehemann, der seine Frau täglich von der Arbeit abholt, alle Einkäufe für die Familie erledigt und die Kinder zu allen Terminen und Verabredungen chauffiert. Er verletzt sie nicht, er beschimpft sie nicht, im Gegenteil: »Er trägt seine Frau auf Händen.« Das meinen zumindest die Kollegen und Kolleginnen der Frau und die Nachbarn. Sie können nicht sehen, was tatsächlich passiert: Dieser Mann sperrt seine Frau in ein unsichtbares Gefängnis. Sie darf keinen Schritt ohne ihn machen, sie kann mit keinem Menschen sprechen, ohne dass er die Aufsicht und Kontrolle über sie hat. Auch das ist Gewalt.

Kontrollieren, Angst machen, zuschlagen ...

»Mann schlägt Frau« – mit dieser Formel lässt sich das Problem nicht vollständig beschreiben. Gewalt in Partnerschaften ist vielschichtiger. Es geht um Abhängigkeit und Macht. Schläge sind dabei oft gar nicht »nötig«, sie sind lediglich die Spitze des Eisbergs. Unter diesem Eisberg gibt es eine Menge Verhaltensweisen, mit denen ein Täter sein Opfer in Schach halten kann. Manche Männer gebärden sich als »Kontrollfreaks«, sie beobachten, mit wem ihre Frau sich trifft, wohin sie geht, wann sie zurückkommt. Einige sind rasend eifersüchtig und versuchen, alle Kontakte ihrer Frau zu anderen Menschen zu unterbinden. Viele sind extrem autoritär – sie treffen alle Entscheidungen für das Paar allein, sie verbieten oder erlauben ihrer Frau bestimmte Tätigkeiten und dulden keine Diskussion und keinen Widerspruch. Manche Männer machen jedes Zusammentreffen mit anderen Menschen zu einem peinlichen und anstrengenden »Eiertanz«, indem sie ihre Frau in der Öffentlichkeit ständig zurechtweisen, lächerlich machen oder sie als dumm und unfähig hinstellen. Auch launisches und jähzorniges Verhalten ist in manchen Partnerschaften ein effektives Mittel, die eigene Machtposition zu untermauern: Es ist egal, ob das Kinderspielzeug im Weg liegt, das Essen nicht rechtzeitig fertig ist oder unangemeldet

Besuch vorbeikommt – alles nehmen sie als Anlass für einen Wutausbruch, Beschimpfungen und Schuldzuweisungen. Mit solchen Verhaltensweisen sorgen Männer dafür, dass Frauen sich in ihrer Beziehung unwohl und unglücklich fühlen, ohne dass ihnen ein Haar gekrümmt wird.

Die französische Psychologin Marie-France Hirigoyen nennt diese Kombinationen aus Bedrohung und Unterdrückung »Gewaltszenarien« und meint damit, dass ein Mann verschiedene Methoden benutzt, um seine Frau oder Freundin dauerhaft zu verunsichern und zu verängstigen. Gewaltszenarien beruhen auf seelischer Gewalt – Schikanen, Einschüchterungen, Demütigungen und verbalen Beleidigungen. Auf diesem Fundament demonstrieren gewalttätige Männer mit Hilfe von Schlägen, Einsperren, sexuellen Nötigungen oder Verweigerung von Geld immer wieder ihren Machtanspruch.[9]

Anders als körperliche Übergriffe lassen sich seelische Attacken oft nicht eindeutig als Gewalt identifizieren – zumindest nicht auf Anhieb. Die meisten Menschen würden vermutlich nicht zögern, eine Ohrfeige, einen Faustschlag oder einen Fußtritt als Gewalt zu bezeichnen. Aber wie nennen wir es, wenn jemand ständig über seine Partnerin herzieht und demütigende Witze über ihr Aussehen macht? Ist das sein spezieller, vielleicht ein wenig derber Humor – oder ist das Gewalt? Ist es Gewalt, wenn ein Mann seine Frau ständig herumkommandiert oder bei Meinungsverschiedenheiten sofort losbrüllt – oder ist das einfach sein cholerisches Temperament und eine verständliche Folge von beruflichem Stress? Was ist es, wenn ein Mann alle Entscheidungen über das gemeinsame Einkommen allein trifft und seiner Frau wöchentlich Haushaltsgeld zuteilt – planvolles, verantwortungsbewusstes und fürsorgliches Verhalten oder eine Demonstration seiner Machtansprüche? Und wenn jemand seiner Partnerin jedes Mal eine Szene macht, wenn sie ohne ihn ausgegangen ist – ist das Eifersucht, ganz normaler Beziehungsstress oder ist die Grenze zur Gewalt damit überschritten? Ist es Gewalt, wenn jemand damit droht, sich oder den Partner zu verletzen oder umzubringen – oder beginnt Gewalt erst dann, wenn die Drohung in die Tat umgesetzt wird? Ist es Gewalt, wenn er sie zum Sex zwingt – oder gehört sexuelle Bereitschaft in einer Beziehung irgendwie dazu? Viele dieser Handlungsweisen sind nicht strafbar – aber sie sind trotzdem gewalttätig. Viele dieser Übergriffe hinterlassen keine sichtbaren Spuren – woran lässt sich also erkennen, dass trotzdem Gewalt passiert ist? Wenn jemand keine Straftat begeht und keine Verletzungen verursacht, lässt er sich nur schwer als Gewalttäter überführen. Ein blaues Auge, eine aufgeplatzte Lippe oder Prellungen sprechen eine klare Sprache. Sie beweisen, dass jemand zugeschlagen hat. Verbale Gemeinheiten und seelische Verletzungen erzeugen keine sichtbaren Blessuren. Das, was hier verletzt und schmerzt, ist subjektiv, ist etwas »Gefühltes«. Aber können wir Gewalt tatsächlich so definieren: Gewalt ist das, was das Opfer als Gewalt empfindet? »Das geht nicht«, denken Sie vielleicht, »dann könnte jede Frau ihren Partner wegen irgendwelcher Belanglosigkeiten als Gewalttäter hinstellen, nur weil sie sich als Opfer »fühlt«. Der Einwand ist nachvollziehbar, die Realität bestätigt diesen Verdacht jedoch selten. Das Gegenteil trifft viel eher zu: Misshandelte Frauen neigen aller Erfahrung nach dazu, ihren Partner in Schutz zu nehmen, sein gewalttätiges Verhalten herunter zu spielen und zu entschuldigen. Auch sträuben sich viele, verbale Attacken und psychische Unterdrückung als Gewalt zu bezeichnen. Falsche oder ungerechtfertigte Beschuldigungen sind also nicht sehr wahrscheinlich.

Einige Fragen, die helfen können zu erkennen, ob Sie Gewalt erleben...

»Ihr Partner
- beleidigt Sie und macht Sie bei Freundinnen und Freunden oder Familienmitgliedern schlecht?
- hindert Sie, Ihre Familie oder Freundinnen und Freunde zu treffen?
- hält Sie davon ab, das Haus zu verlassen?
- kontrolliert Ihre Finanzen?
- wird plötzlich wütend und rastet aus?
- beschädigt Ihre Sachen?

- droht damit, Sie, Ihre Kinder, Verwandte, Freundinnen oder Freunde, Ihre Haustiere oder sich selbst zu verletzen?
- schlägt, stößt, beißt Sie?
- zwingt Sie zum Sex? Akzeptiert nicht, dass Sie sich getrennt haben oder trennen wollen, und verfolgt, belästigt oder terrorisiert Sie?«[10]

Die Empfindungen der Betroffenen sind tatsächlich ein sehr sinnvolles »Kriterium«, um zu beurteilen, was Gewalt ist. Wenn jemand sich unter Druck, herabgewürdigt, bedroht und verängstigt fühlt, erlebt er bzw. sie Gewalt. Ein zweiter Maßstab kann sein, wie häufig und regelmäßig sich die Übergriffe abspielen. Handelt es sich um einen einmaligen Ausrutscher, der sich nicht wiederholt? Oder kommt es öfter zu irgendwelchen Attacken, Ausbrüchen und Drohungen?

Über diese subjektiven Einschätzungen hinaus gibt es zur Bestimmung von Gewalt einige »objektive«, sachliche Indikatoren – aus juristischer, aber auch aus sozialwissenschaftlicher und psychologischer Sicht. Juristisch gesehen, liegt Gewalt vor, wenn der *Körper*, die *Gesundheit* oder die *Freiheit* eines Menschen verletzt werden – das lässt sich aus dem Gewaltschutzgesetz, aber auch aus dem Grundgesetz ableiten.

> »Jeder hat das Recht auf Leben und körperliche Unversehrtheit. Die Freiheit der Person ist unverletzlich.«
>
> Grundgesetz, Artikel 2, Absatz 2

Sozialwissenschaftler und Psychologinnen definieren Gewalt ähnlich. Sozialpsychologisch ist Gewalt die Ausübung von Zwang und Macht mit der Absicht, einen anderen Menschen zu unterwerfen oder zu verletzen – »gewalttätig« handelt, wer seinen eigenen Willen gegen den Willen des anderen durchsetzt. Beide Sichtweisen – die juristische und die sozialwissenschaftlich-psychologische – stimmen darin überein, dass es nicht nur um körperliche, sondern auch um alle anderen Formen von Unterdrückung und Verletzung geht. In der Fachdiskussion werden vor diesem Hintergrund in der

Regel vier Facetten von Gewalt unterschieden: körperliche, seelische, sexuelle und ökonomische bzw. finanzielle Gewalt. Diese Einteilung ist eine theoretische und deswegen ziemlich künstlich – in der Realität sind häufig alle Formen miteinander vermischt. Aber die künstliche Trennung ist auch nützlich; sie hilft zu erkennen, wie vielschichtig Gewalt sein kann und was sie kennzeichnet.

- *Psychische Gewalt* kann die einzige Form von Gewalt sein, die ein Partner in einer Beziehung ausübt. Sehr häufig ist sie aber auch eine Vorstufe oder eine Begleiterscheinung von körperlichen oder sexuellen Übergriffen. »Ich habe lange Zeit geglaubt, das Thema Gewalt in der Ehe würde mich nicht betreffen, weil mein Mann mich ja nicht schlug. Dabei war ich in Wirklichkeit so unterwürfig, dass er mich nicht zu prügeln brauchte, damit ich seinen Launen nachgab. Die körperliche Gewalt kam erst dazu, als ich anfing, mich ihm zu widersetzen.«[11]

  Psychische Gewalt bedeutet: Die Partnerin wird beschimpft und beleidigt, für dumm oder hässlich erklärt oder auf andere Arten gedemütigt. Zu psychischer Gewalt gehören außerdem Drohungen oder Einschüchterungen wie die, der Frau oder den Kindern etwas anzutun. Eine andere Variante seelischer Gewalt ist es, wenn ein Mann alles Mögliche versucht, um die Beziehungen seiner Frau zu Verwandten, Freunden oder Bekannten zu unterbinden und sie dadurch zu isolieren. Je weniger Ansprechpartner und Vertrauenspersonen eine Frau hat, desto größer kann die (emotionale) Abhängigkeit vom gewalttätigen Partner sein.
- *Körperliche Gewalt* ist alles, was die körperliche Unversehrtheit des Opfers verletzt. Hinter diesem Begriff verbirgt sich ein breites Spektrum von unterschiedlichen und unterschiedlich gefährlichen Attacken und Misshandlungen. Es reicht von Schubsen und Ohrfeigen über Schläge, Fußtritte, Würgen, Angriffe mit Gegenständen oder Waffen bis hin zu Mordversuchen und Morden.
- *Sexuelle Gewalt* bedeutet, Sex mit Gewalt und Drohungen oder Druck zu erzwingen. Auch in Beziehungen gibt es sexuelle Nötigungen und Vergewaltigungen. Sie können darin bestehen, dass eine Frau zu sexuellen Praktiken aufgefordert oder gezwungen

wird, die sie nicht möchte, dass sie gegen ihren Willen mit Pornofilmen konfrontiert oder dass sie mit sexuellen Anspielungen beleidigt und verletzt wird. Anders als bei sexuellen Übergriffen durch fremde Menschen ist sexuelle Gewalt in Beziehungen selbst für Betroffene manchmal schwer zu erkennen. Das hat damit zu tun, dass manche Männer (aber auch Frauen) davon ausgehen, dass es innerhalb einer Beziehung so etwas wie ein Recht auf Sex gibt. Geschlechtsverkehr ist nach dieser Auffassung etwas, dass ein Mann von »seiner« Frau jederzeit einfordern kann, unabhängig davon, ob sie selbst gerade Lust hat oder nicht. Zur Not muss ein Mann eben »ein bisschen nachhelfen« – mit dieser und ähnlichen Formulierungen werden sexuelle Übergriffe häufig verharmlost.

- *Ökonomische Gewalt* drückt sich darin aus, dass die Frau um Geld bitten muss, es zugeteilt bekommt, von eigenen Verdienstmöglichkeiten abgehalten wird oder über die Verwendung ihres eigenen Geldes nicht selbst entscheiden darf. Er sagt möglicherweise: »Dieser Job ist doch unter deinem Niveau! Da verschwendest du dein Talent! Und mir wäre es sowieso lieber, wenn du zu Hause bleibst und dich hier um alles kümmerst.« Oder er fragt: »Wieso willst du denn ausgerechnet jetzt wieder arbeiten? Die Kinder brauchen dich mehr denn je!« Manchmal kommt aber keine freundliche Bitte, keine Frage und kein Vorschlag, sondern ein barsches Kommando wie »Ich verbiete dir zu arbeiten!« Entscheidend ist jedoch nicht nur der Tonfall, sondern die Frage, ob ein Mann seine Frau mit solchen Manövern finanziell abhängig halten will. Es ist ökonomische Gewalt, wenn ein Mann seiner Partnerin verbietet, zu arbeiten und Geld zu verdienen, aber auch, wenn er sie zum Arbeiten zwingt und er allein entscheidet, was mit dem Geld passiert. Die wirtschaftliche und finanzielle Abhängigkeit stellt oft ein großes Hindernis dar, wenn Frauen sich gegen die Zumutungen ihres Partners wehren wollen. Sie trauen sich nicht, weil der Partner sie finanziell in der Hand hat.

Fachleute fassen alle Formen von Übergriffen und Machtausübung als »häusliche Gewalt« zusammen – und zwar unabhängig davon, ob die Übergriffe tatsächlich »zuhause« stattfinden. Entscheidend ist, dass sie zwischen Personen stattfindet, die eine persönliche Beziehung zueinander haben.

»Als häusliche Gewalt ist jede Art geschlechtsspezifischer körperlicher, seelischer und sexueller Misshandlung, die innerhalb einer häuslichen Gemeinschaft verübt oder versucht wird, zu bezeichnen. Dazu zählen [...] einfache Körperverletzung bis hin zu schwerer Körperverletzung, Entführung, Drohungen, Einschüchterung, Nötigung, Verfolgung, Beschimpfung, gewaltsames oder rechtswidriges Eindringen in die Wohnung, Brandstiftung, Zerstörung von Eigentum, sexuelle Gewalt, Vergewaltigung in der Ehe.«[12]

Definition der Vereinten Nationen (1996)

Wie können Sie zwischen Streit und Gewalt unterscheiden?

Seien wir ehrlich: Taktlosigkeiten, verbale Gemeinheiten und Kränkungen kommen in beinahe jeder Beziehung gelegentlich vor – das ist fast unvermeidlich. Normalerweise entschuldigen wir uns nach solchen Entgleisungen und bemühen uns, dieses Verhalten in Zukunft zu vermeiden. Außerdem gibt es in jeder Beziehung manchmal Meinungsverschiedenheiten und Konflikte. Ein Streit ist eine normale Art, diese Konflikte auszutragen und zu lösen. Dabei kann es passieren, dass wir wütend werden, herumbrüllen oder Ähnliches. Aber niemand hat das Recht, seiner Wut mit Schlägen Luft zu machen, niemand hat das Recht, seine Interessen mit Gewalt durchzusetzen oder die Befriedigung seiner Bedürfnisse mit erpresserischen Mittel zu erreichen.

Der entscheidende Unterschied zwischen Streiten und Gewalt ausüben besteht darin, ob die beiden Kontrahenten in etwa ausgewogene Machtpositionen haben oder ob ein Machtgefälle zwischen ihnen existiert: Auch bei einem Streit kann es lautstark zugehen, es kann vielleicht sogar Geschirr zerbrechen – das ist nicht entscheidend. Wichtig ist, dass beide Kontrahenten »auf gleicher Augenhöhe« sind. Bei Gewalt ist es anders: Sie hat zum Ziel, den anderen klein zu machen, zu dominieren und zu beherrschen. Natürlich kann es auch fließende Übergänge zwischen Streit und Gewalt geben, aber sicher ist: Um Gewalt handelt es sich, wenn jede Auseinandersetzung Teil oder Beginn einer Machtdemonstration oder gar Psychoterror ist, bei dem immer die gleiche Person verliert und immer die andere gewinnt.

Warnsignale und Alarmzeichen für Gewalt in Beziehungen

Gewalt kommt nicht immer mit »Pauken und Trompeten« daher, es geht nicht immer laut zu und es fließt nicht immer Blut. Sehr oft beginnt Gewalt nicht mit Schlägen, sondern mit seelischen Einschüchterungen, mit Machtgebärden oder gehässigen Bemerkungen. Die Betroffenen sind sich lange unsicher, was eigentlich passiert, und merken vielleicht erst relativ spät, dass etwas schief läuft. Oft gibt es aber Warnsignale, an denen man erkennen kann, dass die Macht in der Beziehung ungleich verteilt ist, zum Beispiel:

- Wenn Sie anderer Meinung sind als Ihr Partner, behalten Sie das um des lieben Friedens willen meistens für sich.
- Ihrem Partner zuliebe machen Sie viele Aktivitäten mit, zu denen Sie eigentlich keine Lust haben.
- Wenn Sie ein schwieriges Thema ansprechen wollen, dauert es oft einige Tage oder Wochen, weil Sie einen günstigen Moment abwarten müssen.
- Sie fühlen sich in der Gegenwart Ihres Partners öfter angespannt und sind »auf der Hut«, weil Sie sich vor seinen Reaktionen fürchten.
- Sie haben den Kontakt zu bestimmten Menschen aufgegeben, weil Ihr Partner diese Beziehungen missbilligt.
- Sie schlafen mit Ihrem Partner, auch wenn Sie müde oder krank sind oder eigentlich keine Lust haben, weil es zu anstrengend wäre, sich zu weigern.

- Sie achten sehr auf die Bedürfnisse und Interessen Ihres Partners und wenig auf Ihre eigenen Wünsche.
- Bevor Sie Vorschlägen oder Verabredungen mit Freunden oder Kollegen zustimmen, holen Sie erst die Meinung Ihres Partners ein.[13]

Wenn Sie in diesen Beispielen einiges aus Ihrer Situation erkennen und wenn Sie das Gefühl haben, wie ein Radar sämtliche Stimmungen und Stimmungsumschwünge Ihres Partners zu registrieren, ist das ein Alarmzeichen. Solche Verhaltensweisen sind Symptome eines großen Anpassungsdrucks. Es könnte sein, dass Ihr Partner beginnt, massiv Macht und Kontrolle über Sie auszuüben. Wenn diese Situation andauert, kann sie problematisch werden.

Im Prinzip gibt es in solchen Situationen zwei Möglichkeiten: Sie können die Beziehung beenden oder Sie können daran arbeiten, dass das Machtungleichgewicht sich zu Ihren Gunsten verändert. Wenn Sie die Beziehung aufrechterhalten wollen, müssen Sie an Stärke gewinnen und dafür sorgen, dass Sie Ihrem Partner gleichwertig gegenüberstehen. Dabei geht es nicht darum, dass Sie nun den anderen dominieren und mit den gleichen Mitteln »zurückschlagen«. Es geht aber um Fairness im Umgang miteinander, also darum, fair zu handeln und fair behandelt zu werden.

Warten Sie nicht, bis die Situation noch angespannter und schwieriger wird – tun Sie etwas, damit sie sich ändert. Sprechen Sie mit einer Freundin oder einem Freund über Ihre Lage – eine Vertrauensperson kann helfen, sich zu vergewissern, ob Sie in Schwierigkeiten sind. Oder lassen Sie sich von einer professionellen Beratungsstelle unterstützen. Fachleute in Familien- und Lebensberatungsstellen können Ihnen helfen, einen Überblick über Ihre Situation zu bekommen und herauszufinden, was Sie tun wollen.

»Ich habe mich nicht mehr aus dem Haus getraut« – Stalking und die Folgen

Zwei Jahre vom Ex-Freund verfolgt

Brigitte M. wurde fast zwei Jahre von ihrem Ex-Freund schikaniert. Lars P. rief sie täglich unzählige Male an, schrieb ihr ständig SMS. [...] Ein halbes Jahr war Brigitte M., die alleinstehende Mutter, mit Lars P. befreundet, dann beendete sie die Liebesbeziehung. Doch der Ex wollte die Trennung nicht akzeptieren. Was anfangs noch harmlos erschien, weil Brigitte M. glaubte, es seien vorübergehende Erscheinungen von Eifersucht und gekränkter Eitelkeit, entpuppte sich schnell als Dauerzustand. »Er war ständig präsent, schlich um unser Wohnhaus, stand sogar bei Minusgraden lange davor, er verfolgte mich im Auto, rief ständig an – und er nahm keine Rücksicht auf meine Kinder«, umreißt die 34-Jährige knapp ihre Situation. Einmal sei er sogar in die Wohnung geschlüpft und habe Gespräche belauscht, als der Besuch aus Versehen die Eingangstür offen gelassen habe. An die 50 Anrufe und SMS am Tag und ein ständig voll gesprochener Anrufbeantworter seien normal gewesen. »Ich habe mich gar nicht mehr ans Telefon getraut«, erinnert sich Brigitte M.

Märkische Oderzeitung, 30. März 2005

Nach der Trennung lief Uwe S. (60) Amok

Ein Ex-Freund, der nach der Trennung keine Ruhe gibt – ein Albtraum für jede Frau. Angelika P. (48) hat ihn erlebt. Nicht nur, dass der Mann immer wieder vor ihrer Haustür stand. Am 1. September 2004 tauchte er in der Drogerie an der Holstenstraße (Altona) auf, in der sie arbeitete. Mit einer Wäscheleine würgte er die Frau, bis sie blau anlief. Seit gestern steht Uwe S. (60) wegen gefährlicher Körperverletzung vor dem Landgericht.

Hamburger Morgenpost, 23. Februar 2005

Gewalt hört nicht unbedingt auf, wenn das Opfer die Beziehung beendet. Oft verfolgt ein gewalttätiger Mann seine Ex-Partnerin auch nach der Trennung mit Drohungen und Angriffen. Und manchmal wird er erst mit dem Ende der Beziehung gewalttätig – mit nächtlichen Anrufen, Auflauern vor der Wohnung, zerstochenen Autoreifen oder Verleumdungen. Solche Verhaltensweisen werden »Stalking« genannt, ein geläufiges deutsches Wort dafür gibt es bisher nicht. »Stalking« stammt aus der englischen Jägersprache und bedeutet »sich anschleichen« oder »auf die Pirsch gehen«. Ähnlich wie Jäger gegenüber ihrer Beute verhalten sich Stalker gegenüber ihren Opfern: Sie lauern ihnen auf und verfolgen sie, sie machen beharrliche und aufdringliche Annäherungsversuche, manchmal werbend, manchmal aber auch aggressiv. Stalking ist immer lästig, es kann sich zu echtem Psychoterror entwickeln und die Betroffenen an den Rand eines Nervenzusammenbruchs bringen – und wenn der Stalker zu Gewalt greift, kann es sehr gefährlich, manchmal sogar lebensgefährlich werden.

Bis in die neunziger Jahre galt Stalking als ein Problem, das vor allem Personen betrifft, die im Rampenlicht der Öffentlichkeit stehen: Schauspielerinnen, Sportlerinnen und Politiker. Neuere Forschungen, auch in der Bundesrepublik,[14] haben inzwischen jedoch nachgewiesen, dass das sogenannte Prominenten-Stalking keineswegs die einzige und erst recht nicht die häufigste Art von Stalking ist. Von Stalking sind vor allem ganz normale Menschen betroffen, und zwar eine ganze Menge. Viele Studien aus dem In- und Ausland haben gezeigt, dass etwa 10 Prozent der Bevölkerung schon einmal Opfer von Verfolgungen und Belästigungen waren. Das gilt besonders für Frauen; sie werden viermal so häufig »gestalkt« wie Männer.

Die Forschungsergebnisse zeigen einen engen Zusammenhang zwischen Stalking und Partnerschaftsgewalt. In etwa der Hälfte aller Fälle hat Stalking eine Beziehungsvorgeschichte. Die Täter sind Ex-Ehemänner, Ex-Freunde, Ex-Liebhaber. Aber auch in den übrigen Fällen kennen die Opfer zum großen Teil ihre Verfolger, zum Beispiel als Nachbarn oder Kollegen. Nur 25 Prozent der Täter sind Fremde. Stalker sind überwiegend Männer: Über 90 Prozent der betroffenen Frauen wurden von einem Mann verfolgt und belästigt. Bei männlichen Opfern hingegen sind nur etwa die Hälfte der Täter Frauen.

Soweit der wissenschaftliche Forschungsstand. Die Realität ist manchmal weniger übersichtlich. Denn die Formen von Stalking sind vielfältig, das Spektrum der Handlungen reicht von schweigendem Herumstehen vor der Wohnung des Opfers bis zu aggressiven Beschimpfungen und körperlichen Übergriffen. Besonders häufig nutzen Stalker Telefon, Handy und E-Mails für ihre Zudringlichkeiten. Aber das ist längst nicht alles. Viele Betroffene merken im Laufe der Zeit, dass die Fantasie von Stalkern im Grunde grenzenlos ist. Die Täter spionieren ihr Opfer aus – vor allem Ex-Partner haben damit in der Regel wenig Mühe – und entwickeln unterschiedlichste Aktivitäten, um sich bemerkbar zu machen und das Opfer unter Druck zu setzen. Sie bombardieren die »Zielperson« (wie es im Polizei-Jargon heißt) mit Briefen, E-Mails oder SMS, sie rufen zu jeder Tages- und Nachtzeit an, sie hinterlassen Liebesschwüre oder Beschimpfungen auf dem Anrufbeantworter, bis der Speicher voll ist. Sie stehen vor dem Haus, sie beobachten die Wohnung, sie befestigen Nachrichten am Auto. Sie warten mit Blumen vor der Tür oder legen Geschenke auf die Fußmatte, sie tauchen im Fitness-Studio oder am Arbeitsplatz des Opfers auf.

Stalking kann auch sehr brutale Formen annehmen: Manche Verfolger beschädigen das Eigentum ihres Opfers, beschmieren die Hauswand mit Graffiti, zerstechen die Autoreifen oder dringen in die Wohnung ein. Daneben gibt es auch indirekte Formen von Verfolgung und Nachstellung: Manche Stalker belästigen nicht nur ihr eigentliches Opfer, sondern auch dessen Familie oder Arbeitskollegen. Manche wenden sich mit (anonymen) Verleumdungen an den Arbeitgeber oder Kunden des Opfers. Es gibt Stalker, die versuchen, ihrem Opfer zu schaden, indem sie in seinem Freundeskreis Gerüchte – zum Bespiel über den Geisteszustand ihres Opfers – verbreiten. Einige geben unter dem Namen des Opfers Bestellungen bei Versandhäusern oder Zeitungsanzeigen auf und verursachen neben Ärger oft auch eine Menge Kosten.

Man kann also sagen: Stalking ist Belästigung mit allen Mitteln. Dabei können auch scheinbar harmlose Aktivitäten ein gehöriges Bedrohungspotenzial darstellen, gibt es doch unendlich viele Möglichkeiten, mit denen der Stalker seinem Opfer signalisieren kann: Ich behalte dich im Auge! Du entkommst mir nicht! Ein Brief, der unter der Tür durchgeschoben wird, ein Zettel und eine Blume am

Auto – Außenstehende denken vielleicht,»da ist doch nichts dabei« oder finden die Geste sogar rührend. Dem Opfer jedoch sagen diese Nachrichten, dass der Stalker jederzeit in der Nähe sein kann. Ähnlich verhält es sich mit scheinbar zufälligem Zusammentreffen im Supermarkt – wirklich ein Zufall? Oder ein Hinweis, dass der Stalker bestens über die Wege und den Tagesablauf informiert ist? Weil viele Belästigungen einzeln betrachtet nicht besonders alarmierend sind, fällt es den Verfolgten schwer, die Brisanz dieser Ereignisse gegenüber Außenstehenden deutlich zu machen. Nicht selten kommen den Stalking-Opfern sogar selbst Zweifel, ob sie die Situation richtig einschätzen, und sie fragen sich, ob sie bestimmte Zudringlichkeiten einfach aushalten müssen.

Aber was ist wirklich harmlos? Wo liegt die Grenze zwischen lästigen, aber zumutbaren und problematischen Zudringlichkeiten?

Wo beginnt Stalking?

Annette hat sich nach einer fünfjährigen Beziehung von Bernd getrennt, weil sie sich in einen Arbeitskollegen verliebt hat. Nachdem sie ihm gesagt hat, wie die Dinge stehen, ist Bernd vollkommen schockiert und fassungslos. Er will die Beziehung weiterführen und versucht, Annette dazu zu bringen, es noch einmal mit ihm zu versuchen. Auf jeden Fall möchte er sich unbedingt noch einmal mit ihr treffen und alles in Ruhe besprechen. Er schickt Annette einige SMS, aber Annette antwortet nicht. Am nächsten Tag hinterlässt Bernd eine Nachricht auf ihrem Anrufbeantworter, außerdem befestigt er eine rote Rose hinter dem Scheibenwischer ihres Autos mit der Notiz »Bitte melde Dich – ich warte … «.

Ist Bernd ein Stalker? Nein – bis hierhin ist sein Verhalten ein Versuch, mit verschiedenen Mitteln um die Beziehung zu kämpfen. Aber es könnte Stalking daraus werden.

Angenommen, Annette meldet sich nicht bei Bernd, weil sie die Beziehung als beendet betrachtet und kein Interesse daran hat, sich noch einmal auszusprechen. Wenn Bernd ihre Weigerung ignoriert und stattdessen vor ihrer Wohnung patrouilliert oder nach Feierabend vor ihrem Büro auf sie wartet, um mit ihr reden zu können, wenn er nach der Ablehnung eines Gesprächs nicht locker lässt und ihr immer wieder folgt, wenn er wiederholt nicht nur einmal, sondern zwanzigmal pro Tag bei ihr anruft, dann kann man dieses Verhalten als Stalking werten.

Fachleute aus der Psychologie und Kriminologie haben vier Kriterien entwickelt, um die Unterschiede zwischen harmlosen und ungefährlichen Belästigungen auf der einen und problematischen Nachstellungen auf der anderen Seite zu bestimmen:

Woran Stalking zu erkennen ist

- Stalking schränkt die Handlungs- und Bewegungsfreiheit der Betroffenen ein – das kann der Fall sein, wenn der Stalker dauernd vor der Wohnung lauert, seinem Gegenüber ein Gespräch aufzwingen will oder es auf der Straße verfolgt.
- Typisch für Stalking ist außerdem, dass der Verfolger auch massive Formen von Zurückweisung ignoriert und seine Aktivitäten nach einer Ablehnung eher verstärkt, als sie zu beenden.
- Von Stalking kann man auch dann sprechen, wenn die Aktivitäten des Verfolgers sich wiederholen und über einen längeren Zeitraum erstrecken – dabei ist allerdings schwer zu definieren, was ein »längerer Zeitraum« ist.
- Ein weiteres Kriterium ist die Wirkung auf das Opfer: Von Stalking sprechen Experten vor allem dann, wenn dieses Verhalten beim Opfer Stress, Sorgen und Angst auslöst.

Was treibt die Täter an?

Einige Menschen glauben, dass Stalker ein bisschen verrückt oder gar echte Psychopathen sind. Diese Vorstellungen sind vielleicht davon inspiriert, dass viele Kriminalromane und Kinofilme von solchen Fällen handeln.[15] Sie beschreiben häufig eine Art von Stalking, die lange Zeit als typisch galt: Ein leidenschaftlich, aber aussichtslos verliebter Mensch verfolgt das Objekt seiner Begierde mit sprichwörtlich »wahnsinniger« Ausdauer und lässt sich durch nichts abschütteln oder abschrecken. Oberflächlich betrachtet, trifft die Vorstellung vom »Liebes*wahn*«, bei der Frage nach den Motiven in gewisser Weise zu. Denn verhältnismäßig viele Stalker sind in ehemalige Partner/innen, die die Trennung nicht verwinden können, abgewiesene »Verehrer/innen« und hoffnungslos Verliebte, die nicht aufgeben wollen. Bei genauerem Hinsehen wird allerdings klar, dass dieses Verhalten wenig mit Liebe und viel mit Macht, Kontrolle und Gewalt zu tun hat. Vielen Tätern geht es um Besitzansprüche. Sie wollen die ehemalige Partnerin, den ehemaligen Partner nicht loslassen, sondern zurückhaben. Vor allem in diesen Konstellationen kann Stalking sehr gefährlich werden – das gilt besonders dann, wenn Gewalt in der Beziehung bereits eine Rolle gespielt hat.

Die Verfolgung und Belästigung setzt die Machtausübung mit anderen Mitteln fort. Manche Stalker gehen davon aus, dass das Objekt ihrer Begierde schicksalhaft für sie bestimmt ist und nur nicht weiß, dass es so ist. Sie sind überzeugt, dass dieser Mensch trotz diverser ablehnender Reaktionen in Wirklichkeit doch an ihnen interessiert ist, oder sie glauben, dass sie für die Person sorgen müssen. Auch wenn viele Täter sich wie Verrückte verhalten, sind sie in der Regel durchaus nicht geisteskrank, psychopathisch oder unzurechnungsfähig. Diese Attribute treffen nur auf einen Teil der Stalker zu, andere führen ein ganz normales soziales Leben und verhalten sich nicht weiter auffällig – bis auf das Stalking.

Psychologinnen und Psychologen unterscheiden fünf Typen von Stalkern bzw. fünf unterschiedliche Motivmuster. Eine solche Einteilung wird der Realität allerdings nur begrenzt gerecht. Die Typologie kann zwar helfen, das Phänomen insgesamt und einzelne konkrete Situationen besser zu verstehen. Jeder reale Stalker ist aber nicht in erster Linie ein »Typ«, sondern ein Individuum; sein Verhalten kann deshalb durchaus zu mehreren dieser Kategorien passen.

- »*Zurückgewiesene Stalker«:* Sie verfolgen und bedrängen jemanden, weil sie damit eine frühere – möglicherweise sogar sehr kurze oder flüchtige – Beziehung erhalten oder weil sie nach einem Zerwürfnis eine Versöhnung erreichen wollen. Manche sind aber auch von dem Wunsch getrieben, sich dafür zu rächen, dass sie verlassen worden sind. Andere wiederum sind überzeugt, dass sie mit ihren Aktivitäten das Opfer »zur Vernunft« und zur Fortsetzung der Beziehung bringen können. Stalker dieser Kategorie fühlen sich häufig vom Verhalten der »Bezugsperson« provoziert und können gefährlich und gewalttätig werden. Ihre Aggressionen richten sich nicht nur auf sie, sondern unter Umständen auf andere Menschen in ihrem Umfeld, z. B. den neuen Partner der Ex-Frau oder -Freundin.
- »*Ärgerliche Stalker«* sind der Ansicht, dass ihnen Unrecht zugefügt wurde. Sie sind deshalb von dem Wunsch nach Vergeltung und Bestrafung geleitet. Sie verstehen sich selbst als das eigentliche Opfer, das sich gegen eine massive Ungerechtigkeit wehren muss. Häufig greifen sie zu verbalen Drohungen und wollen damit Angst und Schrecken verbreiten.
- »*Intimität oder Beziehung suchende Stalker«* (und »inkompetente Verehrer« – siehe nächste Kategorie) sind verliebt in ihr Opfer und glauben, dass das Opfer sie auch liebt bzw. bald lieben wird. Sie wollen eine Beziehung aufbauen oder bilden sich ein, dass eine Beziehung schon besteht, und sind sich dabei nicht bewusst, dass ihre Wünsche von der begehrten Person nicht geteilt werden. Typischerweise ignorieren sie abweisende Reaktionen oder interpretieren sie zu ihren eigenen Gunsten um. Beziehung suchende Stalker fassen jede Handlung – auch jede Ablehnung – als geheimes Zeichen der Zuneigung auf. Das heißt: Jede Form von Kommunikation mit dem Stalker wird von ihm als Bestätigung erlebt und kann seine Motivation verstärken.
- »*Inkompetente Verehrer«* glauben ebenfalls, einen Anspruch auf die Person zu haben, die sie belästigen, und verstehen nicht, dass ihnen die Opfer mit Ablehnung begegnen. Sie drängen sich ihrem Liebesobjekt intensiv, manchmal auch aggressiv auf. Im Unterschied zu den anderen Typen sind sie aber nicht besonders

hartnäckig. Wenn sie entschlossenen Widerstand spüren, z. B. in Form von gerichtlichen Anordnungen, beenden sie ihre Aktivitäten an dieser Stelle und suchen sich häufig ein neues Ziel.

- »*Räuberische Stalker*«: Diese nach dem bisherigen Kenntnisstand relativ kleine Gruppe von Tätern hat ausschließlich das Ziel, Gewalt auszuüben. Sie beobachten und verfolgen ihr Opfer so heimlich wie möglich, um viele Informationen zu sammeln und den Angriff vorzubereiten. Im Gegensatz zu anderen Typen von Stalkern versuchen sie, unbedingt zu verhindern, dass ihre Verfolgungs- und Beobachtungsaktivitäten vom potenziellen Opfer bemerkt werden, um irgendwann einen Angriff zu starten.

Am Rand des Nervenzusammenbruchs: Die Folgen von Stalking

- »Das ganze Leben richtet sich nur noch nach diesem Spinner und man plant nur noch mit ihm.«
- »Ich habe mir ein Jahr Sonderurlaub genommen, mein Haus verkauft, bin zweimal umgezogen, gehe nicht mehr alleine weg, keine Männerkontakte. Ich fühle mich manchmal beobachtet und bin verunsichert. Ich gehe sehr vorsichtig mit meinem Umfeld um.«
- »Ich schließe mich zu Hause ein, verriegle die Türen und Fenster, kontrolliere vor jeder Fahrt mein Auto genau, habe Angst, in den Briefkasten zu sehen.«
- »Ich vertraue keinem Menschen mehr. […] Ich bin nicht mehr beziehungsfähig und bekomme Angst vor Männern, die sich für mich interessieren.«[16]

Stalking hat Folgen für die Gesundheit, aber auch für das soziale Leben, den Umgang mit anderen Menschen und die Lebensfreude insgesamt. Wie der Psychoterror sich beim Einzelnen auswirkt, hängt sowohl von der Dauer und der Intensität der Übergriffe ab als auch von der Widerstandsfähigkeit der Betroffenen. Aber auch vergleichsweise harmlose Zudringlichkeiten können das Leben der Betroffenen auf die Dauer sehr beeinträchtigen. Sicher ist es nicht gefährlich, wenn das Opfer wöchentlich mehrfach Pakete mit Versandhauslieferungen bekommt, die vom Stalker bestellt wurden –

aber es kostet ohne Zweifel viele Stunden und Nerven, diese Sendungen wieder zurückzuschicken und auch die Rechnungen zu stornieren.

Die dauernde Wachsamkeit und Unruhe führt bei vielen Betroffenen zu psychosomatischen Beschwerden: Sie bekommen Schlafstörungen oder Magengeschwüre, Albträume oder Depressionen. Manche Opfer leiden unter Panikattacken, einige denken sogar an Selbstmord. Angst wird ein ständiger Begleiter – und bei einem Teil der Opfer bleibt die Angst, auch wenn die Verfolgung aufhört. Untersuchungen haben nachgewiesen, dass ungefähr zwei Drittel bis drei Viertel aller Stalking-Opfer unter gesundheitlichen Störungen leiden. Ein Teil der Betroffenen ist so belastet, dass sie kaum noch arbeitsfähig sind.[17]

Zu den gesundheitlichen Folgen kommen soziale und finanzielle Konsequenzen. Stalking zwingt die Opfer meistens, ihr Leben einschneidend zu verändern. Ein normales soziales Miteinander ist für viele Stalking-Opfer nicht mehr möglich. Manche fühlen sich so bedroht, dass sie sich nicht mehr aus dem Haus oder in öffentliche Verkehrsmittel trauen. Aus Angst, ihrem Verfolger irgendwo zu begegnen, geben sie ihr Hobby und andere außerhäusliche Freizeitaktivitäten auf. Allein dadurch schränken sie fast unweigerlich ihre sozialen Beziehungen ein: Der Kontakt zu Freunden und Bekannten geht zurück. Dieser Rückzug geht manchmal einher mit der Erfahrung, dass die Angst vor dem Verfolger von anderen nicht verstanden oder belächelt wird. Freunde und Bekannte des Stalking-Opfers können sich oft nicht vorstellen, wie belastend die Verfolgung durch den Ex ist, und nehmen ihn möglicherweise sogar in Schutz: »Das kann man doch verstehen, dass er unter der Trennung leidet ...«, »So schlimm wird das doch nicht sein, wenn er jetzt öfter mal anruft ...« Insofern stellt Stalking oft auch eine Bewährungsprobe für Freunde und Bekannte dar.

Stalking kann auch die bestehende Partnerschaft der Opfer stark beeinträchtigen. Der neue Partner bzw. die neue Partnerin ist in der Regel ebenso gestresst wie das Opfer selbst, wenn der Stalker zigmal am Tag anruft, Drohungen auf dem Anrufbeantworter hinterlässt oder stundenlang vor dem Haus steht. Das Problem kann eine

Beziehung auf die Dauer vollkommen dominieren und dazu führen, dass sich der neue Partner bzw. die neue Partnerin durch den Stalker ebenfalls hilflos, bedroht oder gedemütigt fühlt.

Manchmal sind Betroffene durch die Verfolgung so zermürbt, dass sie ihr gewohntes Leben komplett aufgeben: Sie legen sich nicht nur eine neue Telefonnummer und ein zweites Handy zu. Sie wechseln außerdem die Wohnung, vielleicht sogar den Wohnort – und nehmen damit nicht nur erhebliche Kosten auf sich. Um zu verhindern, dass der Stalker sie aufspürt, informieren sie nur wenige enge Vertraute von den neuen Lebensumständen und nehmen in Kauf, dass auf diese Weise viele persönliche, aber auch berufliche Kontakte verlorengehen. Wenn Stalker ihre Aktivitäten auf Vorgesetzte, Arbeitskollegen und Kunden des Opfers ausdehnen, sie belästigen, Gerüchte und Verleumdungen über das Opfer ausstreuen, ist das nicht nur peinlich, sondern kann auch die berufliche Existenz gefährden.

Mit Stalkern kann man nicht verhandeln

Stalking endet normalerweise nicht von allein. In der Regel müssen die Betroffenen selbst etwas unternehmen, um den Täter zu stoppen. Experten von Polizei und Beratungsstellen haben aber Leitlinien entwickelt, anhand derer die Betroffenen die eigene Situation überprüfen und passende Gegenstrategien finden können.

Vermeiden Sie jeden Kontakt mit dem Stalker!

Jedes Gespräch und jede Diskussion, auch Zurückweisungen oder Wutausbrüche wertet der Verfolger als Aufmerksamkeit. Damit bestärken Sie ihn eher in seinem Tun, als ihn davon abzuhalten. Experten raten deshalb, den Täter zu ignorieren und jeden Kontakt mit ihm zu verweigern. Sagen Sie einmal – wirklich nur einmal –, dass Sie nichts mit ihm zu tun haben wollen, und verweigern Sie danach jeden Annäherungsversuch. Sie brauchen die Ablehnung nicht zu begründen und nicht zu erklären; im Zweifelsfall würde der Stalker daraus nur einen neuen Kontaktversuch konstruieren. Legen Sie bei Anrufen kommentarlos auf, beantworten Sie weder SMS noch Briefe, gehen Sie einfach weiter, wenn der Stalker Sie auf der Straße anspricht. Es nützt nichts, wenn Sie sich von Zeit zu Zeit auf ein Gespräch einlassen und versuchen, den Stalker doch noch zur Vernunft zu bringen. Lassen Sie sich auch nicht auf eine »letzten Aussprache« ein. Kriminologische Analysen haben gezeigt, dass gerade solche Situationen ein hohes Risiko für gewalttätige Übergriffe bergen.

Gehen Sie offen mit dem Problem um!

Auch wenn es Ihnen schwerfällt, auch wenn es Ihnen peinlich ist, auch wenn Sie befürchten, unnötig die Pferde scheu zu machen: Informieren Sie Ihre Familienmitglieder, Freunde, Nachbarn und Arbeitskolleginnen über Ihre Situation. Ein offener Umgang mit dem Problem hat viele Vorteile. Wer informiert ist, kann Sie schützen. Wenn Kolleginnen und Nachbarn Bescheid wissen, geben sie nicht ahnungslos Informationen über Ihren Aufenthaltsort an den Verfolger weiter. Außerdem können Vertrauenspersonen Sie warnen oder abschirmen, wenn der Stalker sich meldet oder auftaucht. Es hilft, Missverständnisse zu vermeiden, wenn beispielsweise die Kolleginnen und Kollegen wissen, was sich hinter den merkwürdigen Anrufen verbirgt, und wenn Ihre Nachbarn verstehen, warum Sie Ihre Lebensgewohnheiten geändert haben. Verweigern Sie die Annahme von Paketen, die Sie nicht bestellt haben, und informieren Sie auch Ihre Nachbarn über diese Vorsichtsmaßnahme. Wenn Sie sich nicht überwinden können, mit anderen über die Belästigungen zu sprechen, weil Ihnen das Verhalten Ihres Ex-Partners peinlich ist: Denken Sie daran, dass Sie nichts dafür können, wie sich der Stalker verhält. Er ist verantwortlich für sein Tun, nicht Sie.

In akuten Bedrohungssituationen sollten Sie unbedingt die Polizei informieren. Fahren Sie zum nächsten Polizeirevier, wenn Sie verfolgt werden, und rufen Sie die Polizei, wenn der Täter vor Ihrer Wohnung wartet.

Sammeln Sie Beweise!

Die spontane Reaktion auf die Botschaften Ihres Verfolgers wie Briefe, E-Mails und »Geschenke« ist verständlicherweise, alles auf der Stelle zu vernichten. Wenn Sie den Stalker juristisch belangen wollen, sind jedoch Beweise wichtig. Deshalb sollten Sie seine Aktivitäten dokumentieren. Das können Sie auf unterschiedliche Arten tun. Sie können beispielsweise für eine gewisse Zeit ein Stalking-Tagebuch führen, in dem Sie alles notieren, was Ihr Verfolger tut oder schickt. Schreiben Sie auf, wann und wie die Kontaktversuche stattgefunden haben, was dabei passiert ist oder wer als Zeuge in Frage kommt – zum Beispiel so:

Datum	Uhrzeit	Was ist passiert?	Zeugen	Sonstiges
3. 5. 2006	10.30	E-Mail von ... (Name des Stalkers) am Arbeitsplatz erhalten	Frau XY (Kollegin)	Ausdruck der E-Mail
8. 5. 2006	23.00	Anrufe von ... (Name des Stalkers) auf dem Anrufbeantworter	keine	Abschrift gemacht

Das Tagebuch ist übrigens nicht nur als »Beweismaterial« für eine eventuelle Strafanzeige nützlich. Es kann auch helfen, die Übergriffe besser zu verarbeiten, indem Sie diese mit dem Eintrag ins Tagebuch »abhaken« und somit eine gewisse Distanz zum Geschehen herstellen. Aufzeichnungen sind auch sinnvoll, damit Sie sich selbst vergewissern, was tatsächlich geschieht. Wenn das Stalking längere Zeit andauert, kann es passieren, dass die Erinnerungen an einzelne Vorfälle verschwimmen oder verdrängt werden. Ein Stalking-Tagebuch hilft, den Überblick über die Ereignisse zu behalten.

Wenn der Stalker Ihr Eigentum beschädigt oder Nachrichten und Gegenstände am Auto oder vor Ihrer Wohnung hinterlässt, sollten Sie das mit (datierten) Fotos dokumentieren. Wenn der Stalker vor Ihrem Haus steht, sollten Sie Ihre Nachbarn bitten, Ihnen das schriftlich zu bestätigen. Falls es Ihnen schwerfällt, sich so intensiv mit Ihrem Verfolger zu beschäftigen, können Sie eine Vertrauensperson, einen Freund oder eine Freundin bitten, diese Unterlagen für Sie aufzubewahren und Sie dadurch zu entlasten.

Bei Telefonterror: Legen Sie sich einen Anrufbeantworter und/oder eine zweite Telefonnummer zu!
Ein Anrufbeantworter gibt Ihnen die Möglichkeit zu hören, wer der Anrufer ist, bevor Sie das Gespräch annehmen. Das erspart Ihnen den direkten Kontakt mit dem Stalker. Außerdem können seine Nachrichten als Beweise dienen. Falls Sie sich eine neue (geheime) Telefonnummer zulegen wollen, sollten Sie die alte nicht abmelden. Wenn der Stalker merkt, dass Ihre Telefonnummer nicht mehr existiert, versucht er sonst vielleicht, die neue Nummer herauszufinden.

Rechtlicher Schutz und professionelle Unterstützung[18]

Vieles von dem, was ein Stalker tut, verstößt gegen unterschiedliche Gesetze:
- Es ist *Sachbeschädigung*, wenn das Eigentum des Opfers zerstört oder beschädigt wird.
- Es handelt sich um *Hausfriedensbruch*, wenn der Täter gegen den Willen des Opfers die Wohnung, den Garten oder das Grundstück des Opfers betritt.
- Weitere Tatbestände können *Beleidigung* oder *Verleumdung, (sexuelle) Nötigung, Freiheitsberaubung* oder *Körperverletzung* sein.

Alle diese Handlungen sind strafbar. Zusätzlich hat die Bundesregierung im November 2006 ein spezielles Gesetz gegen Stalking erlassen: Ein neuer Paragraph regelt ausdrücklich, dass dauerndes Verfolgen, Belästigen, Bedrohen und Terrorisieren eine Straftat ist und mit Freiheits- oder Geldstrafen geahndet werden kann. Opfer von Stalking haben damit eine neue Möglichkeit bekommen, sich gegen Übergriffe zur Wehr zu setzen.

Was Sie gegen Stalking tun können

Stalkingopfer können jederzeit Strafanzeige bei der Polizei, bei der Staatsanwaltschaft oder beim Amtsgericht erstatten. Wenn Sie Beweismittel wie E-Mails, Briefe und Fotos gesammelt haben und eigene Notizen, z. B. ein Stalking-Tagebuch haben, sollten Sie diese Dinge vorlegen, wenn Sie eine Anzeige erstatten.

Viele Stalker legen es allerdings darauf an, ihr Opfer durch eine Menge harmlos wirkender Aktionen zu verunsichern und zu verängstigen, die jeweils für sich betrachtet strafrechtlich nicht relevant sind. Vielleicht denken Sie: »Es ist ja nichts passiert, der steht ja nur da herum« – und fühlen sich trotzdem überhaupt nicht mehr wohl. Wenn es Ihnen so geht und Sie sich nicht sicher sind, wie Ihre Situation rechtlich einzuschätzen ist, sollten Sie sich auf jeden Fall professionell beraten lassen. In größeren Städten gibt es Frauen- und Opfer-Beratungsstellen, die sich auf das Thema Stalking spezialisiert haben und Betroffene unterstützen. Auch Anwältinnen und Anwälte können Ihnen helfen, etwas gegen Stalking zu unternehmen – das muss nicht unbedingt eine Klage sein. Manchmal reicht auch ein klares und bestimmtes Schreiben an den Täter aus, in dem er darauf hingewiesen wird, dass er seine Aktivitäten einstellen muss. Kompetente Fachleute finden Sie auch bei der Polizei – Sie können sich an jede Polizeidienststelle und an die kriminalpolizeilichen Beratungsstellen wenden; dort bekommen Sie auch Informationen über technische Schutzmöglichkeiten wie die Sicherung Ihrer Wohnung, eine Geheimnummer für das Telefon, Fangschaltungen und weitere Maßnahmen.

Als Alternative, aber auch als Ergänzung zu *strafrechtlichen* Schritten können Sie *zivilrechtliche* Maßnahmen beantragen. Das Gericht kann dem Täter verbieten, die Wohnung des Opfers zu betreten, Kontakt aufzunehmen oder sich an bestimmten Orten (Arbeitsplatz des Opfers, Kindergarten, Fitness-Studio …) aufzuhalten. Verstöße gegen diese Anordnungen sind strafbar. Wenn der Stalker die gerichtlichen Anordnungen missachtet, kann die Polizei eingreifen und den Verstoß als Straftat verfolgen.

Informationen über Stalking im Internet

www.bmj.de
Internetseite des Bundesjustizministeriums

www.stalkingforschung.de
Internetseite der Technischen Universität Darmstadt

www.stalkingforum.de und www.liebeswahn.de
Private Internetseiten mit Informationen für Betroffene und Angehörige

Kapitel 2: Hintergründe und Folgen der Gewalt

»Ich weiß gar nicht mehr, wie alles anfing« –
Risikofaktoren für Gewalt in Beziehungen

»Ich bin Jahrgang 1970, verheiratet seit 1995 und habe eine Tochter von fünf Jahren. Bis zur Geburt meiner Tochter war ich berufstätig, vollkommen selbstständig. Auch finanziell ging es uns gut. Ich habe aus Liebe geheiratet, das Kind war ein Wunschkind, es ist gesund und munter. Ja, das ist lange her. Man fragt sich: Wann begann das ganze Unglück eigentlich? Und warum? Am Anfang glaubst du an einen einmaligen Ausrutscher, weil du denkst, heute ist er gestresst von der Arbeit, und es wird alles wieder gut. Dann kommen die ersten Ohrfeigen, für die er sich noch entschuldigt. Für die späteren nicht mehr, die sind dann in seinen Augen schon berechtigt. Du kannst dich noch so sehr bemühen, ihm keinen »Grund« zum Wütendwerden zu geben. Er findet immer einen. Entscheidender ist: Mit jedem Ausrasten wird eine neue Grenze überschritten. Bis er dich würgt oder zum Küchenmesser greift.«

Nordwest-Zeitung, 1. Oktober 2003

Sie sah in ihm ihren Partner, er sah in ihr seinen Besitz. »Er war so eifersüchtig, obwohl es keinen Grund gab«, sagt Leonie (Name geändert). Irgendwann konnte sie nicht mehr. »Ich verlasse dich«, hat sie gesagt. Die Worte hingen noch in der Luft, da schlug er schon zu. »Das linke Auge war ganz geschwollen und blau«, erinnert sich Leonie. »Kaum hatte er die Hand sinken lassen, lag er vor mir auf den Knien, hat gewimmert und sich entschuldigt.« Leonie ging ins Bad, stellte sich vor den Spiegel, machte ein Foto von ihrem Gesicht – und verzieh. »Ich war noch zu verliebt, ich wollte ihm glauben, und ich wollte, dass alles so bleibt: das Haus, die Kinder, die Freunde.« Jahrelang ging das gut. Bis zum letzten Frühjahr. […] »Ich wollte gerade ins Bett gehen, als er plötzlich hinter mir stand. Ich hab gar nicht gehört, wie er die Treppe raufkam. Dann hat er mich gepackt, auf den Boden geworfen und mit der Faust immer wieder in mein Gesicht geschlagen. Ich dachte, ich muss sterben. Er hörte überhaupt nicht auf.« Ihr Mann brach ihr die Nase, zertrümmerte fast ihr Gesicht, schlug immer wieder mit seiner Faust auf ihr Auge, bis die Haut darunter platzte. Warum? »Ich habe ihm an dem Abend gesagt, dass es so mit uns nicht weitergehen kann, dass er sich ändern muss, weniger trinken soll.«

Ostfriesen-Zeitung, 22. November 2003

Die Suche nach Hintergründen und Ursachen für Gewalt in Beziehungen ist schwierig. Auch die betroffenen Frauen erkennen selbst oft nur schwer, wie es angefangen hat. Manchmal scheint die Gewalt aus heiterem Himmel über eine intakte Beziehung hereingebrochen zu sein – und körperliche Gewalt ist dabei nicht selten der vorläufige Endpunkt einer langen Vorgeschichte aus verbalen und psychischen Demütigungen. Irgendwann ist dem Mann offenbar fast jeder Anlass recht, um auszurasten. Am Anfang der Beziehung gibt es jedoch oft überhaupt keinen Hinweis auf künftige Probleme – aus der Sicht der Frauen ist alles ganz normal. Sicher gibt es manchmal Konflikte. Aber wo gibt es die nicht? Meinungsverschiedenheiten kommen schließlich in jeder Beziehung vor, das ist nichts Besonderes. Was aber muss passieren, damit eine solche Situation »kippt« und aus ganz normalen Ärger oder Beziehungsstress Gewalt wird? Welche Einflüsse tragen dazu bei, dass Konflikte oder Streit unkontrollierbar eskalieren?

Diese Fragen haben Sozialwissenschaftler erforscht. Welche Gesetzmäßigkeiten und Risikofaktoren kommen zusammen, damit Männer die Schwelle zur Gewalt überschreiten? Es hat sich gezeigt, dass ein großer Teil der Gewalt in Beziehungen tatsächlich im Rahmen von alltäglichen Konflikten entsteht. Die Partner streiten über die Kindererziehung, über die Haushaltsführung, über die Arbeitsteilung in der Familie und Ähnliches. Auffallend ist, dass Männer körperliche und sexuelle Gewalt besonders häufig in solchen Beziehungen anwenden, in denen die innerfamiliäre Aufgabenteilung sehr asymmetrisch ist – er verdient das Geld und sie kümmert sich um den Haushalt und die Kinder – und ein ausgeprägtes »Machtgefälle« zwischen den Ehepartnern herrscht. Offensichtlich fördert es Gewalt, wenn der Mann das Sagen hat und von seiner Frau Anpassung und Unterordnung erwartet. Der Gedanke drängt sich auf, ob es nicht sowieso eine Form von Gewalt ist, wenn die Verhältnisse in der Partnerschaft so sind. Auf jeden Fall zeigen diese Forschungsergebnisse, dass manche gewalttätige Männer eher aus einer Position der Stärke heraus agieren (als aus Schwäche im Sinne des Klischees »Er konnte sich nicht anders wehren ...«). Die Beobachtungen von Tätertherapeuten zeigen allerdings, dass es auch Männer gibt, die zuschlagen, weil sie sich ihrer Partnerin unterlegen fühlen[19] – und mit Gewalt etwas gegen dieses Gefühl tun wollen.

Neben Alltagskonflikten können aber auch gravierende Umbruchsituationen der Ausgangspunkt für Gewalt werden. Die erste Gewalttat passiert häufig in der Zeit der ersten Schwangerschaft oder nach der Geburt des ersten Kindes.[20] Ein weiterer Risikofaktor ist Trennung und Scheidung. Etwa ein Fünftel der betroffenen Frauen erlebt den ersten Gewaltausbruch des Partners, wenn sie sich zur Trennung von ihm entschlossen haben.

Anlässe für Gewalt in Beziehungen

»Das erste Mal kam es zu Gewalt ...
- nach der Geburt des ersten Kindes: 19,5 %
- nachdem ich mich entschlossen hatte, mich von ihm zu trennen: 17,1 %
- bevor wir zusammengezogen sind: 13,5 %
- nachdem ich schwanger wurde: 10,0 %
- nachdem mein Partner arbeitslos wurde: 7,1 %
- nachdem ich beruflich aufgestiegen war: 5,8 %
- nachdem ich mich entschlossen hatte, eine neue Arbeit/Ausbildung zu beginnen oder wieder ins Berufsleben einzusteigen: 5,6 %«[21]

Zu einem gewissen Teil beeinflussen auch Misserfolge bzw. Schwierigkeiten am Arbeitsplatz die Gewaltbereitschaft vieler Männer – allerdings längst nicht so häufig, wie oft vermutet wird. Eine repräsentative Untersuchung des Bundesfamilienministeriums hat zwar gezeigt, dass gewalttätige Partner doppelt so oft arbeitslos sind wie Männer, die keine Gewalt ausüben. Es ist allerdings ein relativ kleiner Teil der befragten Frauen, die den Grund für die Gewalt darin sieht, dass ihr Partner seinen Job verloren hat. Die Befragung hat außerdem ergeben, dass Beziehungsgewalt in einigen Fällen genau zu dem Zeitpunkt beginnt, wenn die Frau beruflich aufsteigt und sie damit ihren Partner überflügelt. Auch diese Erkenntnisse zeigen, dass die Rollenverteilung in Familie und Beruf mitwirken, wenn es zu Gewalt kommt. Offensichtlich gibt es Männer, die nicht damit klar kommen, wenn sie die gesellschaftlichen Erwartungen, der Hauptverdiener für ihre Familie zu sein, nicht erfüllen können – und dann gewalttätig werden.

Alkohol: Auslöser oder Begleiterscheinung?

Viele Menschen – geschlagene Frauen, schlagende Männer, aber auch Außenstehende – sind überzeugt, dass Gewalt in Beziehungen ohne Alkohol nicht denkbar ist. In diesem Zusammenhang werden häufig Aussagen wie »Das wäre alles nicht passiert, wenn ich nicht betrunken gewesen wäre!« oder »Wenn er nicht getrunken hat, ist er der friedlichste Mensch der Welt!« ins Feld geführt – von den betroffenen Frauen ebenso wie von den schlagenden Männern.

Statistiken stützen diese Argumentation allerdings nur bedingt. Gewalt wird tatsächlich sehr häufig unter Alkoholeinfluss ausgeübt – aber keineswegs immer. Man kann davon ausgehen, dass Alkohol in etwa 50 Prozent der Gewalttaten mit im Spiel ist. Zu diesem Ergebnis kommen sowohl eine Studie aus Deutschland als auch eine Untersuchung aus der Schweiz.[22]

Fachleute sind sich aber uneins, ob Alkoholkonsum eine der Hauptursachen für Gewalt ist oder ob er einfach nur eine Begleiterscheinung darstellt. Für die Annahme, dass Alkohol eher eine Begleiterscheinung ist, spricht, dass in etwa der Hälfte aller Fälle körperliche Gewalt nüchtern ausgeübt wird. Zudem ist bekannt, dass viele Täter die Gewalt fortsetzen, nachdem sie eine Entziehungskur gemacht haben. Andererseits weisen einige Forschungsergebnisse darauf hin, dass Alkoholkonsum und Gewalt vor allem in solchen Beziehungen eng miteinander verknüpft sind, in denen die Täter über viele Jahre und besonders brutal sind. Vor diesem Hintergrund ist es plausibel, im Alkohol zwar nicht zwingend die Ursache von Gewalt zu sehen, sehr oft aber einen Faktor, der vorhandene Aggressionen verstärkt und Gewalt intensiviert und eskalieren lässt.

Dass Täter und Opfer dem Alkohol eine so große Bedeutung zumessen, lässt sich am ehesten psychologisch erklären. Die unterschiedlichen Versionen der Behauptung »Ohne Alkohol wäre das nicht passiert!«, befreien den Täter von der Last der Verantwortung und erhalten dem Opfer die Hoffnung, dass das Problem vorübergehend ist und dass alles wieder gut werden kann. Ein bisschen zugespitzt, sagen diese Erklärungen: Nicht der Schläger, sondern der Alkohol ist schuld am Übergriff. Und: Die Gewalt ist keine bewusste, absichtsvolle Handlung, sondern ein »Ausrutscher« gewesen. »Wenn er aufhören würde zu trinken, ... würde er aufhören, mich zu schlagen, ... könnten wir eine normale Beziehung führen, ... hätten wir keine Schwierigkeiten.« Die Strategie der betroffenen Frauen besteht in solchen Situation folgerichtig darin, dem Partner aus dem Weg zu gehen, wenn er betrunken ist, und ihn immer wieder zu einer Entziehungskur zu motivieren. Die Realität – unter anderem Erfahrungen, die in vielen Frauenhäusern gesammelt wurden – zeigt jedoch, dass eine Entziehung allein das Problem nicht löst. Viele Männer setzen die Gewalt auch danach fort.

Eifersucht – Kontrolle – Gewalt

Eifersucht ist ein sehr verbreitetes Gefühl. Eigentlich ist niemand dagegen gefeit, auch wenn das längst nicht jeder zugeben würde. Überhaupt wird über Eifersucht nicht gern geredet. Und wenn doch, dann sind die Meinungen geteilt: Für viele gilt sie als kleinlich und besitzergreifend. Andere stehen auf dem Standpunkt, dass Eifersucht eine Art Gradmesser für Liebe und deswegen eigentlich etwas Positives ist. Von diesen verschiedenen Ansichten abgesehen, sind sich die meisten Menschen in einem Punkt einig: Eifersucht ist nicht gleich Eifersucht.

Psychologen, aber auch der Volksmund unterscheiden zwischen »normaler« oder »gesunder« und »krankhafter« Eifersucht. Es gilt als »normal«, mit Ärger und Angst oder sogar Panik (eben mit Eifersucht) zu reagieren, wenn die Beziehung gefährdet ist, z. B. weil der Partner sich in eine(n) andere(n) verliebt hat. Psychologen erklären diese Art von Eifersucht als »doppelten Zweifel«: Ein eifersüchtiger Mensch zweifelt einerseits an sich selbst, an seiner Attraktivität und an seiner Bedeutung für den anderen; er zweifelt andererseits an der Partnerin, an ihrer Treue und Zuverlässigkeit und unterstellt ihr, nicht aufrichtig zu sein. So weit ist Eifersucht tatsächlich »normal«.

»Krankhaft« wird Eifersucht im »Dauerzustand«, wenn sie ohne konkreten Anlass entsteht und zu einer regelrechten Besessenheit ausartet. Manisch Eifersüchtige werden derart von diesem Gefühl beherrscht, dass sie damit die Beziehung vollkommen dominieren. Diese Art von Eifersucht ist es auch, die für die Entstehung von Gewalt eine problematische Rolle spielen kann. Gewalttätige Partner verhalten sich deutlich häufiger als andere extrem eifersüchtig: sie kontrollieren ihre Frau auf Schritt und Tritt, überprüfen ihre Post, ihre Telefonate, ihre E-Mails und versuchen, die Kontakte zu Freunden, Kollegen oder Angehörigen so weit wie möglich zu unterbinden.[23] Solche extremen Kontrollversuche sind bereits eine Form von Gewalt. Zusätzlich können die Überwachung und Einschränkung eine »Vorstufe« für körperliche und sexuelle Übergriffe darstellen. Auf diesen Risikofaktor hat auch die Untersuchung des Bundesfamilienministeriums hingewiesen: 25 bis 30 Prozent der gewalttätigen Männer sind sehr eifersüchtig und versuchen, die Kontakte ihrer Partnerin zu anderen Menschen zu unterbinden. Dagegen verhalten sich nur sechs Prozent der Männer, die nicht gewalttätig sind, auf diese Weise.

Die Spirale der Gewalt

Alltagskonflikte, Beziehungskrisen, Arbeitsplatzverlust, Alkohol ... Die Anlässe für den ersten Gewaltausbruch können sehr unterschiedlich sein. Nicht so unterschiedlich verläuft nach dem ersten Mal in vielen Beziehungen die weitere Entwicklung. Sie folgt oft einem ähnlichen Muster: Die Übergriffe wiederholen sich in Abständen, die Abstände werden im Laufe der Zeit immer kürzer und die Intensität der Gewalt steigt dabei immer weiter an. Die betroffenen Frauen fliehen manchmal vor ihrem Mann – zur Freundin, zu den Eltern, ins Hotel, ins Frauenhaus. Und viele kehren nach kurzer Zeit wieder zurück. Denn die Männer bitten um Verzeihung und schwören, dass das nie wieder passiert. Einige können den Schwur auch eine Weile halten. Aber irgendwann beginnen sie erneut – und in der Regel steigern sie sich von Mal zu Mal. Die amerikanische Psychologin Leonore Walker hat dieses Muster als »Zyklus der Gewalt«, bezeichnet, nachdem sie in den siebziger Jahren viele Frauen interviewt hatte, die von ihrem Partner misshandelt worden waren. Andere Experten sprechen von einer »Gewaltspirale« oder einem »Kreislauf der Gewalt«. Im Wesentlichen ist damit immer ein Ablauf gemeint, der in drei Phasen verläuft:

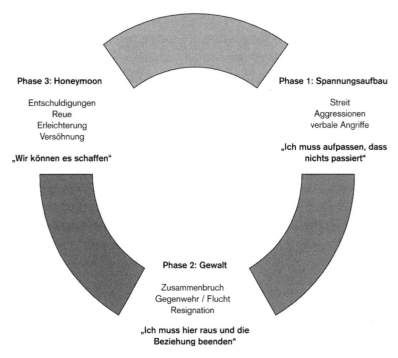

Abb. 2: Der Zyklus der Gewalt aus Sicht der Opfer[24]

Phase 1: Spannungsaufbau

In der ersten Phase merkt die Frau, dass die Stimmung gereizt und angespannt ist. Immer wieder gibt es Streit, der Mann fühlt sich dauernd provoziert und reagiert mit verbalen Aggressionen. Die Frau wird deshalb immer vorsichtiger. Vielleicht versucht sie, ihrem Mann aus dem Weg zu gehen und dadurch Streit zu vermeiden. Vielleicht bemüht sie sich, ihn durch besondere Fürsorglichkeit und Sanftmut zu beschwichtigen. Vielleicht versucht sie auch, die aggressive Stimmung nicht so wichtig zu nehmen oder durch besondere Fröhlichkeit auszugleichen. Wahrscheinlich denkt sie so etwas wie: »Ich muss aufpassen, dass er nicht explodiert«, und versucht alles, um zu verhindern, dass es so weit kommt. Meist strengt sie sich außerdem sehr an, damit Außenstehende, Nachbarn, Freunde nichts von der gespannten Situation bemerken.

Anders kann es bei Frauen sein, die den Zyklus der Gewalt schon mehrfach durchlaufen haben. Sie wissen aus Erfahrung, dass es irgendwann sowieso zu einer »Explosion« kommen wird, unabhängig davon, wie sehr sie sich bemühen. Sie tun in dieser Phase manchmal bewusst etwas, damit es zum »Knall« kommt – damit die unerträgliche Spannung und das Warten endlich ein Ende haben. Sie »provozieren« die Tat – nicht in selbstzerstörerischer Absicht, sondern um den Zeitpunkt und den Ort des Ausbruchs selbst zu »bestimmen«. Auf diese Weise verschafft sich die Frau ein Minimum an Kontrolle über die Situation und bekommt das Gefühl, dem Mann vorbereitet gegenüberzustehen.

Phase 2: Gewaltausbruch

Die Phase des Spannungsaufbaus kann sehr lange dauern – aber irgendwann schlägt der Mann zu und macht seinen Aggressionen Luft. Für die betroffene Frau ist meist nicht vorhersehbar, was er tun wird und wie lange es (dieses Mal) dauern wird. Sie macht (wieder einmal) die Erfahrung, dass sie keine Kontrolle über das Verhalten ihres Partners hat. Sie denkt vielleicht: »Ich kann nichts tun, um die Gewalt zu verhindern ...«, möglicherweise aber auch »Jetzt ist es genug, ich muss hier raus!« Die direkten Reaktionen auf den Gewaltausbruch können unterschiedlich sein: Einige Frauen erleiden einen emotionalen Kollaps, der Stunden, aber auch Tage dauern kann. Sie sind deprimiert und verzweifelt und halten ihre Situation für hoffnungslos. Das macht viele Frauen in dieser Phase nahezu handlungsunfähig. Andere fliehen aus der Wohnung und suchen Schutz bei Freunden oder Verwandten. Manche greifen aber auch zur Gegenwehr, schlagen zurück oder rufen die Polizei.

Phase 3: Honeymoon

Die Phase des Gewaltausbruchs ist normalerweise relativ kurz. Danach beginnt die Phase der Entschuldigungen, der Geschenke und der Zuwendung – nicht nur die Männer, auch die betroffenen Frauen erleben diese Zeit als positiv und hoffnungsvoll: Viele Männer sind nach dem Gewaltausbruch ehrlich entsetzt über ihre Tat, sie wollen das Geschehen rückgängig machen und zeigen Reue und Zerknirschung. Die Täter wollen ihre Frau nicht verlieren, deswegen unternehmen sie nach dem Gewaltausbruch alles Mögliche, um sich mit ihrer Frau zu versöhnen und sie dazu zu bringen, ihnen zu verzeihen. Sie bringen Blumen und Geschenke mit, sie umwerben die Partnerin mit Zuwendung, sie verhalten sich vorbildlich im Haushalt und den Kindern gegenüber. Sie erklären und entschuldigen sich – und vor allem: Sie versprechen, dass es nie wieder passiert. Es gibt Männer, die in dieser Phase auch bereit sind, professionelle Hilfe zu suchen und sich an eine Beratungsstelle wenden.

Für die betroffenen Frauen bedeutet ein solches Verhalten eine unglaubliche Erleichterung. Direkt nach der Gewalt sind sie oft nah daran, die Beziehung abzubrechen und den Mann zu verlassen. Wenn Frauen gehen, gehen die meisten tatsächlich in diesem Moment. Aber durch die Entschuldigungen und Versöhnungsversuche entsteht in vielen Fällen eine andere, der Flucht entgegengesetzte Stimmung: Die Hoffnung wächst, dass der Mann sich ändern wird, dass die Beziehung gelingen kann, dass ein normales Familienleben und Aufwachsen der Kinder möglich ist. Manche Frauen sind überzeugt, dass ihr Mann ohne sie nicht leben kann. Oder sie lassen sich wider besseres Wissen von anderen Menschen, Eltern, Schwiegereltern, dazu überreden und denken: »Ich muss ihm helfen, damit er sich ändern kann, gemeinsam können wir es schaffen.« In dieser hoffnungsvollen Stimmung kann es auch passieren, dass betroffene Frauen die Geschehnisse herunterspielen, vor sich selbst, aber auch vor anderen: »Wir sind in einer schwierigen Phase. Das wäre gar nicht passiert, wenn ...«. Oder: »So schlimm war es gar nicht.«

Leider wird die Hoffnung oft enttäuscht. Irgendwann beginnt der Zyklus von vorn. Meistens geht es mit Vorwürfen los: Um ihre Schuldgefühle loszuwerden, versuchen viele Täter nach der Reue und den Wiedergutmachungsversuchen, ihrer Frau die (Teil-)Schuld für das Geschehen zuzuschieben. Es fallen Sätze wie: »Warum musstest du ausgerechnet an dem Tag ...«, »Wenn du nicht immer xy machen würdest ...« oder: »Du weißt doch genau, dass ich es nicht ertrage, wenn ...«. Solche Äußerungen sind Signale, dass Phase 3 allmählich in eine neue Phase 1 übergeht: Der Mann wälzt die Verantwortung für seine Tat auf das Opfer ab, wieder kommt es zu Beschimpfungen und Beleidigungen. Die Stimmung wird gereizt, die Aggressionen nehmen zu, die Spannung steigt und früher oder später folgt die nächste Eskalation – und mit ihr das zermürbende Gefühlskarussell aus Anspannung, Zusammenbruch, Verzweiflung, Hoffnung und Zweifel.

Die »Gewaltspirale« kann übrigens nicht alle Gewalttaten in Beziehungen erklären. Partnerschaftsgewalt verläuft oft, aber nicht immer nach diesem Muster. Es gibt auch Männer, die »einfach so« zuschlagen, ohne dass es vorher eine Phase des Spannungsaufbaus gibt und ohne dass es danach zu Reue, Entschuldigungen und Wiedergutmachungsversuchen kommt. Und natürlich sind auch nicht alle betroffenen Frauen in der Gewaltspirale gefangen. Einige ziehen sofort nach dem ersten Mal Konsequenzen, andere geben ihren Partner mehrere Chancen, sein Verhalten zu ändern, und gehen erst, wenn sie merken, dass das nicht hilft.

Es hängt von vielen Faktoren ab, wie sich das Verhalten des Mannes nach dem ersten Mal weiterentwickelt, deswegen kann man keine gesicherte Prognose dazu abgeben, ob sich die Gewaltspirale weiterdrehen wird. Statistisch gibt es jedoch eine gewisse Wahrscheinlichkeit, dass es nicht bei diesem »Ausrutscher« bleibt. Die

Studie des Bundesfamilienministeriums beweist: Für ungefähr 40 Prozent aller Frauen, die schon einmal Gewalt erlebt haben, war sie ein einmaliges Ereignis. Bei mehr als der Hälfte der Betroffenen ist es jedoch nicht bei einem Mal geblieben. Viele von ihnen haben eine jahrelange Geschichte von Übergriffen erlebt, die im Lauf der Zeit immer öfter vorkamen und häufig auch immer heftiger verlaufen sind – ähnlich wie in diesem Beispiel:

> »Bei der Frage, ob die Gewalt im Laufe der Beziehung zugenommen habe oder schlimmer geworden sei, konnten wir deutliche Tendenzen in Richtung einer Zunahme der Gewalt erkennen. So gaben 47 % der Frauen an, die Gewalt sei häufiger geworden und bei 27 % war sie gleich geblieben; immerhin 23 % der Frauen benannten aber, dass die Gewalt seltener geworden sei oder ganz aufgehört habe.«[25]

Wer wird Opfer? Wer wird Täter? Und warum?

Einige Anlässe und Begleitumstände von Gewalt können wir relativ leicht identifizieren, zum Beispiel Beziehungskonflikte, Stresssituationen oder Alkoholkonsum. Über die eigentlichen Ursachen und Hintergründe der Gewalt ist damit noch nichts gesagt. Warum veranlassen Alltagskonflikte und Meinungsverschiedenheiten einige Menschen zu Gewalttätigkeiten, andere aber nicht? Warum sind es überwiegend Männer, die zuschlagen? Gibt es biologische und genetische Faktoren für die Entstehung von Gewalt? Welche Rolle spielen psychische, soziale und gesellschaftliche Einflüsse? Auf diese Fragen hat es in den letzten Jahrzehnten unterschiedliche, zum Teil sogar widersprüchliche Antworten gegeben. Dabei gilt eines inzwischen als gesichert: Im Prinzip ist jeder Mensch in der Lage, gewalttätig zu handeln. Offen ist, wann und unter welchen Umständen es zu solchen Entgleisungen kommt. Das betrifft im Prinzip Männer und Frauen. Beide *können* Gewalt anwenden. Warum sie es nicht bzw. auf unterschiedliche Weise tun, das erforschen Biologie und Entwicklungsgeschichte, Psychologie und Sozialwissenschaften. Sie müssen sich dabei mit der Tatsache auseinandersetzen, dass Gewalt und Kriminalität ganz überwiegend von Männern verübt wird.

Fakten über Opfer, Täter und Gewalt

- Frauen machen in Deutschland, aber auch in anderen westlichen Ländern nur einen Bruchteil der Gefängnisinsassen aus, in der Bundesrepublik knapp 5 Prozent.
- Im Verlauf der letzten 15 Jahre ist Gewaltkriminalität insgesamt angestiegen. Dabei haben die Frauen im Verhältnis zu den Männern leicht aufgeholt, aber immer noch machen Männer die überwiegende Mehrheit der Tatverdächtigen aus. Während 1988 auf neun tatverdächtige Männer eine Frau kam, waren es 2003 nur noch sieben.
- Von den meisten Gewaltdelikten sind Frauen weniger betroffen als Männer – eine Ausnahme stellen Sexualdelikte dar: Bei sexueller Nötigung und Vergewaltigung sind 95 Prozent der Opfer weiblich und 99 Prozent der Täter männlich.
- Sexuelle Gewalt gegen Frauen *und* Männer, gegen Erwachsene *und* Kinder wird fast ausschließlich von Männern begangen; sie sind zu 95 bis 99 Prozent die Täter. Erwachsene Männer werden sehr selten Opfer eines Sexualdelikts.
- Gewaltdelikte gegen Frauen (vor allem Körperverletzungen, Mord und Totschlag) sind meistens so genannte Beziehungstaten: Die Täter sind Angehörige oder andere dem Opfer nahe stehende Männer. Wenn dagegen Männer Opfer von Gewalt werden, hatten sie vorher allenfalls eine flüchtige Bekanntschaft/Beziehung mit dem Täter, relativ häufig waren aber die Täter dem Opfer unbekannt.
- Jungen erleben in der Kindheit und Jugend mehr körperliche Gewalt als Mädchen. Das gilt für die Gewalt unter Gleichaltrigen (z. B. an Schulen oder in der Freizeit), in abgeschwächter Form aber auch für die Gewalt, die Eltern gegen Kinder ausüben.[26]

Die Statistik zeigt eindeutig: Gewalt ist ein Verhalten, das überwiegend von Männern ausgeht und überwiegend auch von ihnen erlitten wird. Ein geflügeltes Wort, um dieses Phänomen auf den Punkt zu bringen, lautet: Gewalt ist männlich. Einige Experten spitzen diese Aussage noch weiter zu. So stellt der Soziologe Dieter Otten in seinem Buch *MännerVersagen* fest: »Nicht Gewalt und Kriminalität bedrohen unsere Gesellschaftsordnung, sondern Männer.«[27] Und auch der Kriminologe Christian Pfeiffer bezeichnet gewalttätige Männer als »Feinde der Menschheit«[28]. Trotz der Übertreibungen, die in diesen Aussagen stecken: Es ist auffällig, dass Gewalt so unterschiedlich zwischen Männern und Frauen verteilt ist, und es ist erklärungsbedürftig

Weil Männer zu allen Zeiten und in allen Kulturen mehr Gewalt ausgeübt haben als Frauen, scheint es naheliegend, die Ursachen in der biologischen Ausstattung und in den biologischen Unterschieden zwischen Männern und Frauen zu suchen. Allerdings war die Suche auf diesem Gebiet nicht sehr ergiebig.

Zum Beispiel Hormone: Das männliche Sexualhormon Testosteron steht in dem Ruf, aggressives Verhalten maßgeblich zu beeinflussen. Da Männer einen zehn- bis zwanzig Mal höheren Testosteronspiegel haben als Frauen, könnte man vermuten, dass hier eine Ursache für die Gewalt von Männern zu finden ist. Die Forschungsergebnisse sind widersprüchlich: Einige Befunde bestätigen die Vermutung, dass Hormone das Gewaltverhalten beeinflussen, andere Ergebnisse sprechen dagegen. Außerdem hat sich gezeigt, dass nicht nur die Hormone das Verhalten steuern, sondern dass umgekehrt auch das Verhalten den Hormonspiegel beeinflussen kann: Der Testosteronspiegel steigt zum Beispiel bei den Teilnehmern von Wettkämpfen an, die Testosteronproduktion kann offenbar von sportlichen »Konfrontationen« angeregt werden. Wegen dieser widersprüchlichen Erkenntnisse gilt es inzwischen als überholt, Gewalttätigkeit von Männern – ausschließlich – mit hormonellen Unterschieden zu erklären.

Ein zweiter biologisch orientierter Erklärungsansatz bezieht sich auf die Frühgeschichte der menschlichen Entwicklung. In jüngeren Stadien der Evolution – so der Ausgangspunkt der Theorie – war aggressives Verhalten ein Vorteil in der Auseinandersetzung mit Rivalen. Mit aggressivem und gewalttätigem Verhalten konnten Männer sich Konkurrenzvorteile gegenüber anderen Männern verschaffen. Das wiederum erhöhte ihre Chancen, eine Frau zu »erobern« und die eigenen Gene weiterzugeben. Auf diese Weise wurde im Lauf der Entwicklungsgeschichte ein hohes Gewaltpotenzial bei Männern sozusagen herangezüchtet. Die geschlechtstypischen Unterschiede im Hinblick auf Gewalt wären nach dieser Theorie genetisch begründet. Aber auch dieser Ansatz hat Schwächen. Er kann zwar das aggressive Verhalten unter Männern erklären. Aber er kann nicht begründen, wieso viele Männer ausschließlich oder überwiegend in ihrer Familie, gegenüber ihrer in der Regel körperlich schwächeren Partnerin oder gegenüber ihren wehrlosen Kindern gewalttätig werden.

So verlockend plausibel es auch erscheinen mag, die Gewalt von Männern auf einen männlichen »Aggressionstrieb«, die »Hormone« oder die »Gene« zurückführen, – es ist eben doch nicht so einfach. Wenn ein männlicher »Aggressionstrieb«, ein bestimmtes Gen oder Hormon tatsächlich die Hauptursache für die Gewalt wären, wie lässt sich dann erklären, dass die meisten Männer durchs Leben gehen, ohne Frau und Kinder zu schlagen und ohne anderweitig kriminell zu werden? Ohnehin wäre es eine niederschmetternde Vorstellung, dass Männer sozusagen »von Natur aus« zu Gewalt neigen. Denn dann gäbe es ja nicht die geringste Chance, jemals etwas daran zu ändern – weder für die Opfer noch für die Männer selbst. Männer wären Sklaven ihrer Biologie und Frauen täten gut daran, sich grundsätzlich von ihnen fernzuhalten – eine absurde Vorstellung.

Bessere Erklärungen bieten Theorien, die bei sozialen und gesellschaftlichen Zusammenhängen ansetzen. Die psychologische Aggressionsforschung hat schon in den sechziger Jahren gezeigt, dass Gewalt kein angeborenes, sondern überwiegend ein erlerntes Verhalten ist. Dieser Lernprozess kann grundsätzlich auf zwei Arten ablaufen. Die eine Form ist das »Lernen am Erfolg« und bedeutet: Gewalttätiges Verhalten entwickelt sich, weil der Täter dadurch sein Ziel erreicht oder etwas für ihn Positives bewirkt. Das kann die

Durchsetzung des eigenen Willens, das Gefühl von Macht und Bedeutung, die Abfuhr von Stress oder Spannung, die Befriedigung von Rachegefühlen oder eine Genugtuung durch das Leiden des Opfers sein. Die zweite Art des Lernens ist das »Lernen am Modell«. Das heißt, Menschen übernehmen aggressive Verhaltensweisen, indem sie ein Modell (= Vorbild) nachahmen. Vorbilder sind normalerweise vor allem Personen aus der unmittelbaren Umgebung, die Eltern, Verwandte, Kollegen oder Freunde. Aber auch Modelle aus den Medien, wie z. B. Filmhelden, Politiker oder Autoritätspersonen können den Lernprozess beeinflussen.

Im Unterschied zu den an der Biologie orientierten Überlegungen gelten diese lerntheoretischen Ansätze heute als schlüssig und wissenschaftlich gut fundiert. Darüber hinaus haben sie auch einen wichtigen praktischen Nutzen: Wenn Gewalt *gelernt* wird, kann sie auch wieder *verlernt* werden. Gewalt ist also kein Schicksal – Opfer und Täter können etwas tun, um sie zu verhindern. Für Frauen, die mit einem gewalttätigen Mann zusammenleben, bedeutet das, dass ihr Partner sich ändern kann, wenn er will. Für Männer, die ihre Partnerin misshandeln, enthält diese Erklärung eine große Chance – vorausgesetzt, sie übernehmen tatsächlich die Verantwortung für ihr Handeln und beginnen, an sich zu arbeiten. Es gibt inzwischen eine Reihe von Männer- bzw. Täterberatungsstellen, die Männern, die ihre Partnerin misshandeln, dabei unterstützen, ihre Verhaltensweisen unter Kontrolle zu bekommen.[29]

Niemand wird als Täter geboren

Wenn die Neigung zu Gewalt nicht angeboren ist und wie jedes andere Verhalten im Laufe des Lebens gelernt wird, bleibt zu fragen, wie und wo sie trainiert wird. Warum lernen manche Männer, gewalttätig zu sein, viele andere aber nicht? Rückblicke in die Biografien von misshandelnden Männern, von gewalttätigen Jugendlichen, aber auch von Straftätern, zeigen: Gewalt kommt häufig von Gewalt – das heißt: Wer als Kind geschlagen wird, schlägt mit einiger Wahrscheinlichkeit irgendwann auch selbst zu. Dieser Mechanismus ist jedoch keineswegs zwangsläufig. Nicht aus jedem geprügelten Jungen wird später ein Schläger. Ob er sich dahin entwickelt, hängt von vielen Einflussfaktoren und Erfahrungen ab. Aber es gibt unübersehbare Zusammenhänge: So zeigen Befragungen von Jungen und jungen Männern immer wieder, dass diejenigen von ihnen, die zu Hause Gewalt erleben, auch häufiger Gewalt ausüben, z. B. in der Schule. 20 bis 25 Prozent von diesen Jugendlichen teilen selbst Prügel aus. Bei Jugendlichen ohne familiäre Gewalterfahrungen sind nur etwa 7 bis 8 Prozent selbst gewalttätig.[30]

Studien über »Jugendgewalt« zeigen, wie schnell Gewalt gelernt wird. Sie weisen regelmäßig nach, dass Schläge zu bekommen, aber auch schon die Beobachtung von Übergriffen in der eigenen Familie die Gewaltbereitschaft bei Jungen und jungen Männern deutlich erhöht. Opfer von elterlicher Gewalt zu werden, aber auch brutale Auseinandersetzungen zwischen den Eltern mitzuerleben prägt die Kinder nachhaltig. Als Kind Gewalt zu erleben wirkt offenbar als äußerst erfolgreiches »Lernmodell« – und zwar einerseits in Bezug auf die eigene Einstellung zu Gewalt und den Umgang mit Konflikten und andererseits auf die Entwicklung von Geschlechtsrollen und das Leben in der Partnerschaft.[31]

Die erste Lektion in diesem Lernprozess ist, dass Gewalt erfolgreich funktioniert. Kinder beobachten in gewaltbelasteten Familien das »Recht des Stärkeren« – unabhängig davon, ob sie »nur« Gewalt miterleben oder selbst zur Zielscheibe werden. Von ihren engsten Bezugspersonen lernen sie, dass Gewalt offenbar ein »normales« Mittel ist, um Konflikte zu lösen. Wenn diese Kinder nicht gleichzeitig andere, konstruktive Formen von Konfliktlösungen erleben (z. B. im Kindergarten oder in der Schule), bleibt Gewalt für sie möglicherweise das einzige Mittel, Auseinandersetzungen zu bewältigen. Hinzu kommt: Viel Gewalt zu erleben kann die Wahrnehmung verzerren. Betroffene Kinder entwickeln häufig eine selektive Aufmerksamkeit für aggressive Inhalte und Situationen. Gleichzeitig können sie sich oft nur schwer in andere Menschen einfühlen und haben Schwierigkeiten, deren Motive und Absichten zu erkennen. Kinder mit Gewalterfahrungen neigen dazu, viele Verhaltensweisen anderer als feindselig zu interpretieren. Sie fühlen sich schnell bedroht und geraten leichter in gewalttätige Konfliktsituationen, weil ihnen die Fähigkeit fehlt, Konflikte friedlich zu regeln.

Mädchen und Jungen verarbeiten die Gewalterfahrungen in der Familie unterschiedlich – das familiäre Lernmodell umfasst auch eine geschlechtsspezifische Lektion. Das gilt vor allem, wenn Mädchen und Jungen miterleben, dass ihr Vater ihre Mutter einschüchtert, kontrolliert oder schlägt. Sozialwissenschaftler sind sich einig, dass Jungen sich eher mit dem gewalttätigen Vater identifizieren und Mädchen meist mit der unterlegenen Mutter. Das bedeutet: Jungen lernen für das Verhalten in Partnerschaften ein aggressives und dominantes Modell kennen. Wenn sie beobachten, dass dieses Modell erfolgreich ist, besteht die Gefahr, dass sie es sich zum Vorbild nehmen. Wenn Mädchen erleben, dass ihre Mutter die Gewalt akzeptiert oder erduldet, lernen sie daraus möglicherweise, dass Frauen sich in solchen Situationen unterordnen müssen. Beides, Gewalt auszuüben und Gewalt zu erdulden, kann also unter ungünstigen Umständen als ein akzeptables oder gar normales Beziehungsmodell übernommen werden.

»Ein richtiger Mann muss bisschen den Macho raushängen lassen ...«

Gewaltbereitschaft wird aber nicht nur durch unglückliche Kindheitserfahrungen gelernt und gefördert. Eine genauso wichtige Rolle spielen gesellschaftliche Rahmenbedingungen und allgemeine Werte und Normen über Gewalt – und im Hinblick auf »Männlichkeit«. Darin sind sich die feministische und die Männerforschung einig. Zusammengefasst lautet ihre Erkenntnis: Dominanz und Durchsetzungsfähigkeit sind ein wichtiger Teil der traditionellen Männerrolle in unserer Gesellschaft; die allgemeinen Vorstellungen von »Männlichkeit« haben vor allem mit Überlegenheit, Stärke und Selbstbehauptung zu tun: Ein »richtiger Mann« zeichnet sich dadurch aus, dass er überall und jederzeit die Oberhand behält. Männer, die sich aggressiv verhalten, können sich deshalb bis zu einem gewissen Grad sicher sein, dass sie den gesellschaftlichen

Erwartungen entsprechen. Gewalt ist sozusagen der ultimative Beweis für Männlichkeit. Die Devise lautet:»Lieber gewalttätig als unmännlich.« Solche Erwartungen können dazu beitragen, dass Männer in Beziehungen Gewalt ausüben.

In Sätzen wie »Sie ist ihm doch verbal vollkommen überlegen, da konnte er sich eben nicht anders durchsetzen« oder »Sie hat ihn so in die Enge getrieben, dass er sich einfach wehren musste ...« kommt zum Ausdruck, wie viel Gewalt außerdem mit Gefühlen wie Schwäche und Ohnmacht zu tun hat. Gewalt entsteht offenbar auch, wenn ein subjektives Schwächegefühl mit dem Zwang einer Männerrolle kollidiert, in der Schwäche und Hilflosigkeit nicht vorgesehen sind bzw. als Niederlage gelten. Tätertherapeuten beobachten bei gewalttätigen Männern, dass sie sich typischerweise bereits dann ihrer Partnerin unterlegen fühlen, wenn sie keine deutlich sichtbare Vormachtstellung haben und die Partnerin nicht eindeutig untergeordnet ist. Auch daran zeigt sich: Je mehr ein Mann sich dem Stereotyp von Männlichkeit = Dominanz verpflichtet fühlt, desto eher wird er versuchen, Unterlegenheit(sgefühle) mit Gewalt zu kompensieren.

Dass Männer »Schwäche« bewältigen, indem sie mit allen Mitteln »Stärke« demonstrieren, ist eine Erkenntnis, die auch von den Beobachtungen der amerikanischen Psychologin Anne Campbell gestützt wird. Sie hat untersucht, wie sich »männliche« und »weibliche« Motive für aggressives Verhalten voneinander unterscheiden, und dabei beobachtet, dass Frauen ihre eigenen Aggressionen als sehr unangenehm empfinden – als »hysterischen« Kontrollverlust – und sich in der Regel schuldig fühlen, wenn sie sich aggressiv verhalten haben. Männer dagegen sehen Aggressionen vor allem als Mittel, um Kontrolle über andere Menschen auszuüben und die Situation zu beherrschen.[32] Männer und Frauen beurteilen Aggressionen also vollkommen verschieden. Für Frauen bedeutet Aggression vor allem das Versagen ihrer Selbstkontrolle. Männer betrachten aggressives Verhalten vor allem als ein Mittel zum Zweck – das Ziel ist, anderen Menschen ihren Willen aufzwingen und ihre Durchsetzungsfähigkeit unter Beweis zu stellen.

Gewalt hat also viele Ursachen. Sie liegen zum Teil in der Person der Täter, ihrer Biografie und ihren Kindheitserfahrungen. Zugleich spielen aber auch kulturelle und gesellschaftliche Einflüsse eine Rolle. Wichtig ist dabei vor allem, welche Vorstellungen wir als Gesellschaft über das Verhältnis zwischen Männern und Frauen haben und welche Erwartungen wir in diesem Zusammenhang an Männer richten. Einige Forscher machen neuerdings darauf aufmerksam, dass Jungen und Männer zu Verlierern der gesellschaftlichen Modernisierung werden könnten. Sie drohen zerrieben zu werden – so die Analyse – zwischen traditionellen Ansprüchen an Männlichkeit (= Dominanz in jeder Lebenslage) und einer veränderten gesellschaftlichen Realität (= Partnerschaftlichkeit im Privat- und Teamfähigkeit im Arbeitsleben). Hinzu kommt, dass die Gleichberechtigung und die materielle Unabhängigkeit von Frauen zunehmen. Beides erleben viele Männer als einen »gefühlten Machtverlust«, stellt der Männerforscher Walter Hollstein fest und warnt, dass es in der Folge zu mehr Konflikten zwischen den Geschlechtern und mehr Gewaltbereitschaft kommt, wenn sich keine an die veränderte Situation angepassten neuen Leitbilder für Männer entwickeln. Ziemlich bedrohliche Aussichten also?

So könnte man bzw. frau befürchten – aber es gibt auch eine andere, optimistischere Perspektive: Denn objektiv betrachtet, ist die Situation für Männer insgesamt noch nicht sehr besorgniserregend: Sie sitzen nach wie vor mehrheitlich an den Schaltstellen der Politik, der Wirtschaft und der Medien. Sie haben also selbst sehr viel Einfluss auf künftige Vorstellungen von »Männlichkeit« und gesellschaftliche Erwartungen an männliches Verhalten. Man bzw. frau kann also hoffen, dass die Männer, die das Sagen haben, sich in Zukunft verstärkt daran beteiligen, die gesellschaftlichen Vorstellungen über »Männlichkeit« zu revidieren und neue Leitbilder zu entwickeln: hin zu mehr Partnerschaftlichkeit, mehr Kooperations- und Kompromissfähigkeit und mehr friedfertigen Durchsetzungsstrategien. Aber unabhängig davon sollte klar sein: Auch unrealistische oder überfordernde »Leitbilder« sind keine Entschuldigung oder Rechtfertigung für Gewalt in Beziehungen – im Gegenteil: Gewalt auszuüben ist eine Option, für oder gegen die jeder Mann sich entscheiden kann.

»Man steht immer unter Druck« – die Folgen von Gewalt für Körper und Seele

Fakten über die Folgen von Gewalt in Beziehungen
- Etwa zwei Drittel aller Frauen, die in ihrer Beziehung Gewalt erleben, tragen körperliche Verletzungen davon.
- Bei ungefähr einem Drittel dieser Frauen sind die Verletzungen so schwer, dass sie ärztliche Hilfe in Anspruch genommen haben.
- Psychische Beschwerden sind die häufigste Folge aller Formen von Gewalt in Beziehungen: Zwei Drittel bis drei Viertel der befragten Frauen leiden unter psychischen Beeinträchtigungen wie Niedergeschlagenheit, Schlafstörungen, Ängsten oder Selbstmordgedanken.[33]

Gewalt macht krank
- »Ich konnte körperlich nicht mehr, ich konnte psychisch nicht mehr. Ich konnte gar nichts mehr.«[34]
- »Wohin ich auch ging, ich war unruhig. Er hat mich krank gemacht, das ist sicher. Ich geriet in eine Depression, weil ich nichts mehr wert war. Ich hatte keine Achtung mehr vor mir. Alles war mir verleidet, das Leben war mir verleidet, ich sah nicht ein, wofür ich leben sollte, ich hatte genug von allem.«[35]

Die Studie des Bundesfamilienministeriums hat gezeigt, dass zwei Drittel aller Frauen, die von ihrem Partner misshandelt wurden, dabei körperlich verletzt wurden. Sie trugen Blutergüsse, Schmerzen und Verstauchungen davon, darüber hinaus aber auch schwere Verletzungen wie offene Wunden, Kopf- und Gesichtsverletzungen, Verbrennungen oder Knochenbrüche. Bei ungefähr einem Drittel der Frauen waren die Verletzungen so gravierend, dass sie ärztliche Hilfe in Anspruch nehmen mussten. Einige Frauen hätten ärztliche Hilfe in Anspruch nehmen müssen, verzichteten aber auf eine Behandlung – aus Angst vor den Konsequenzen oder aus

Scham über das Erlebte. Und mit dem Risiko, dass Verletzungen und Wunden verschleppt werden und schlecht ausheilen. Diejenigen, die schließlich doch mit ihren Verletzungen ins Krankenhaus oder in eine Arztpraxis gehen, versuchen dort, die Ursachen zu verbergen. Um nicht darüber sprechen zu müssen, erfinden sie Ausreden und Unfälle. Sie behaupten, dass sie gestolpert und die Treppe heruntergefallen sind, dass das Kind sie beim Spiel aus Versehen mit einem harten Gegenstand getroffen hat oder Ähnliches. Werden schon Schmerzen und Verletzungen verheimlicht, bagatellisiert oder einer unverfänglichen Ursache zugewiesen, so werden psychosomatische Komplikationen sehr oft gar nicht erst wahrgenommen oder als Folge von Gewalt erkannt, geschweige denn behandelt.

Zu Hause bedroht oder misshandelt zu werden bedeutet: Es gibt keinen geschützten und sicheren Raum, man kommt niemals wirklich zur Ruhe, man lebt fortwährend in der Erwartung des nächsten Gewaltausbruchs. Ein solches Gefühl von Angst und Bedrohung versetzt Körper und Seele in einen permanenten Alarmzustand. Dieser Zustand kann zu verschiedenen psychosomatischen Beschwerden führen: Herz- und Kreislaufprobleme, Kopfschmerzen und Magengeschwüre gehören dazu, aber auch Depressionen, Antriebslosigkeit, Schlafstörungen, Albträume und erhöhte Anfälligkeit für Krankheiten. Gewalt zu erleben ist Stress pur – und dieser Stress bewirkt eine Daueranspannung und gleichzeitig eine schwere Erschöpfung: Viele Frauen in dieser Situation fühlen sich ausgebrannt und müde. Selbst normale Alltagshandlungen, z. B. die Organisation des Haushalts oder die Versorgung der Kinder, können sie nur noch mit Mühe, manchmal gar nicht bewältigen.

Unter Umständen können Gewalterfahrungen sogar zu einem Trauma führen. Als Trauma werden Ereignisse bezeichnet, die so unfassbar sind, dass sie nicht in den bisherigen Lebenszusammenhang eingeordnet und nicht wie andere Erfahrungen verarbeitet werden können. Traumata sind Erlebnisse, die das Denken und Fühlen völlig überwältigen. Eine lebensbedrohliche Gefahr, intensive Angst und Hilflosigkeit bewirken, dass die Betroffenen glauben, keine Kontrolle mehr über die Situation, das eigene Handeln und das eigene Leben zu besitzen. Das innere Gleichgewicht ist für einige Zeit – oft auch dauerhaft – beeinträchtigt. Es kommt zu Reaktionen und Symptomen, die sich die Betroffenen nicht erklären können und als verwirrend und beunruhigend erleben. Herzrasen, das Gefühl, völlig neben sich zu stehen, Erinnerungslücken, ständige Unruhe oder Panikattacken sind einige Beispiele.[36]

Erklären lassen sich diese Reaktionen folgendermaßen: Wenn wir uns bedroht fühlen, versuchen wir normalerweise, der Gefahr zu entkommen, indem wir unsere Kräfte für einen möglichen Kampf oder für eine Flucht mobilisieren. Wenn weder das eine noch das andere möglich ist oder beides sinnlos erscheint, ist unser normales Selbstverteidigungssystem überfordert und bricht zusammen. Die physiologische Erregung, die Kampf oder Flucht ermöglicht, läuft auf der körperlichen Ebene ins Leere, setzt sich aber in anderen Regionen unseres Gehirns fest. Man merkt es daran, dass man sich gereizt, wachsam und nervös fühlt, ohne zu wissen, warum. Massive Schlafstörungen können ebenfalls eine Folge dieses Zustandes sein. Weitere typische Reaktion auf Traumata sind extreme Gefühlsaufwallungen. Scheinbar ohne Anlass treten Weinkrämpfe, Wutanfälle oder Depressionen auf, die den Betroffenen selbst sehr zu schaffen machen und die auch die Menschen in ihrem Umfeld und vor allem Kinder sehr beunruhigen können. Ein Trauma kann die Wahrnehmung durcheinander bringen. Traumatisierte Menschen empfinden zum Beispiel intensive Angst- oder Ohnmachtsgefühle, wissen aber überhaupt nicht, warum. Es gibt keinerlei aktuellen, konkreten Anlass, der zu solchen Gefühlsregungen passt. Dabei erinnern sie sich nur nicht daran, dass sie in einer ähnlichen Situation, bei ähnlicher Musik, bei einem ähnlichen Türenknallen ein schlimmes Ereignis, ein Trauma erlebt haben.

Genauso kann ein Trauma auch dazu führen, dass man sich an jedes einzelne Detail der traumatisierenden Situation erinnern kann, aber nichts dabei empfindet. Manchmal befürchten Betroffene sogar, verrückt zu werden. Solche ungewöhnlichen Reaktionen sind jedoch in diesem Zusammenhang »normal« – so wie der Körper Zeit braucht, sich von einer Krankheit oder Operation zu erholen, braucht auch die Seele Zeit, sich nach einem schweren Schock zu regenerieren, und das versucht sie mit Hilfe solcher Reaktionen. Manche Reaktionen signalisieren: Sei vorsichtig, schütze dich vor neuem Unheil, andere sagen: Da war zwar etwas, aber du willst es vergessen.

Die Verarbeitung eines Traumas verläuft also unterschiedlich. Vielfach geschieht sie dadurch, dass wir uns immer wieder an das Ereignis erinnern. Dieser Mechanismus kann eine heilende Funktion haben, wenn die Erinnerungen helfen, die Gefühle, die mit dem Trauma verbunden sind, allmählich zu verändern und abzuschwächen. Das gelingt aber nicht immer. Es kann stattdessen passieren, dass die Erinnerungen und Gefühle immer wieder »überfallartig« auftauchen – so intensiv, dass die betroffene Person glaubt, das Ereignis tatsächlich noch einmal zu erleben. Solche Rückblenden werden »Flashbacks« genannt.

Manchmal sind Menschen durch die Traumafolgen so belastet und überfordert, dass sie versuchen, die Gefühle von Angst und Unruhe mit Alkohol oder Medikamenten abzumildern. Das ist zwar verständlich, birgt aber auch große Probleme. Alkohol und Medikamente lassen möglicherweise kurzfristig die irritierenden Symptome verschwinden und verschaffen dadurch eine gewisse Erleichterung, sie können aber – ohne dass sie zur Lösung der Probleme beitragen – zur Gewöhnung oder Abhängigkeit führen. Wenn die Folgen eines Traumas nicht von allein abklingen, ist es deshalb ratsam, professionelle Hilfe in Anspruch zu nehmen. Frauenberatungsstellen können Ihnen dabei helfen, einen geeigneten Psychotherapeuten oder eine -therapeutin zu finden.

Wie ein schleichendes Gift: Psychische und soziale Auswirkungen

Gesundheitliche Folgen sind die eine schwerwiegende Konsequenz, die gewalttätige oder kontrollierende Menschen auslösen können. Aber das ist nicht alles. Gewalt kann außerdem weitreichende Auswirkungen auf die Persönlichkeit, das Gefühlsleben und die sozialen Kontakte haben. Denn Gewalt wirkt wie ein schleichendes Gift: Sie unterminiert das Selbstwertgefühl und das Selbstbewusstsein – und zwar umso stärker, je länger sie andauert. Und sie dauert oft sehr lange, weil viele Frauen die Hoffnung nicht aufgeben und ihren Männern immer wieder eine Chance einräumen, sich zu ändern.

Angst und Schuldgefühle

Viele betroffene Frauen schlagen sich mit einem ganzen Bündel verworrener und verwirrender Gefühle herum. Sie haben viel Angst – vor einem erneuten Angriff des Partners und davor, dass er den Kindern etwas antut. Sie haben aber auch Angst, etwas dagegen zu unternehmen, weil sie befürchten, dass die Situation danach noch schlimmer werden könnte. Und manchmal haben sie auch Angst, dass Freunde oder Nachbarn bemerken, was los ist, dass sie schief angesehen oder ausgegrenzt werden, wenn herauskommt, wie es in ihrer Familie aussieht.

Zur Angst kommen Schuldgefühle. Viele Frauen denken, dass sie eigentlich in der Lage sein sollten, Aggressionen und Gewalt zu verhindern. Ausgerüstet mit Alltagsweisheiten wie »Es gehören immer zwei dazu, wenn es Streit gibt«, fragen sie sich verzweifelt, warum ausgerechnet ihnen das passiert, was sie falsch gemacht haben und wie sie solche Ausbrüche in Zukunft verhindern können. Viele Frauen suchen die Ursache nicht bei ihrem Partner, sondern in ihrem eigenen Verhalten oder ihren eigenen Unzulänglichkeiten. Weil sie sich verantwortlich für die Situation und das Verhalten des Mannes fühlen, verwenden sie dann sehr viel Energie darauf, Strategien zu finden, mit denen sie die Gewalt verhindern können. Sie werden eine perfekte Hausfrau, sie versuchen, alle Stimmungen des Partners im Voraus zu erahnen, auf jeden seiner Wünsche einzugehen und jeden Anlass für Streit zu vermeiden – um dann häufig festzustellen, dass der Partner ständig neue Anlässe und Gründe für seine Aggressionen und Übergriffe findet. Wenn ihre Bemühungen scheitern und die Gewalt weitergeht, kann das die Schuldgefühle vertiefen. Viele Frauen sind überzeugt, als Partnerin versagt zu haben, und fühlen sich zudem verantwortlich dafür, dass sie ihren Mann nicht ändern können.

Solche Schuld- und Versagensgefühle können auch durch Außenstehende – oft unbeabsichtigt – ausgelöst oder verstärkt werden. Wenn Frauen den Mut aufbringen, von ihrer Situation zu erzählen, oder wenn sie die Zustände aus irgendeinem Grund nicht mehr verbergen können, reagieren Freunde, Kollegen oder Nachbarn oft sehr massiv – mit Aussagen wie:

- »Wie kannst du dir das so lange gefallen lassen! Du musst ihn auf der Stelle verlassen.«
- »Mit mir würde er das nicht machen. Ich würde die Kinder nehmen und gehen.«
- »Ich wäre sofort ausgezogen ... zur Polizei gegangen ... hätte mir einen Anwalt gesucht ...«

So verständlich solche Tipps und Ratschläge aus der Sicht von Außenstehenden auch sein mögen und wie gut sie auch immer gemeint sind – Betroffene hören daraus zunächst immer wieder den gleichen Vorwurf (den sie sich selbst schon machen): Nicht der Täter, sie selbst sind schuld an der Situation. Problematisch kann es auch wirken, wenn Angehörige oder Freunde versuchen, die Frau mit solchen Sätzen zu beruhigen:

- »Du kriegst das bestimmt wieder hin! Vielleicht musst du einfach ein bisschen diplomatischer ... geduldiger ... verständnisvoller ... sein.«
- »... er hat ja auch gute Seiten.«
- »Du musst auch an die Kinder denken, die hängen doch an ihrem Vater.«

Psychologen nennen solche sich widersprechenden Botschaften »double bind« – man kann es auch als »zwischen allen Stühlen sitzen« bezeichnen. Die Betroffenen haben das Gefühl, dass es keine Lösung gibt, wie sie ihre Situation auch drehen und wenden. Ganz gleich, was sie tun wollen, es könnte immer das Falsche sein.

Verleugnen und ignorieren

Dieses Dilemma kann dazu führen, dass Frauen nach einer Gewalttat versuchen, die Situation herunterzuspielen. Sie sagen (sich selbst und anderen): »Es war nicht so schlimm« oder »Es hätte viel schlimmer ausgehen können«, und versuchen damit, ihre Lage auf ein »erträgliches Maß« zu reduzieren. Diese Strategie kann funktionieren, wenn der Partner nur selten übergriffig ist oder wenn die Gewalt – zumindest fürs Erste – keine gravierenden Folgen hat. Dass viele Frauen versuchen, ihre Lage so oder ähnlich zu bagatellisieren, wenn jemand etwas mitbekommen hat und sie darauf anspricht, kann unterschiedliche Gründe haben. Vor allem beim ersten Mal sind manche Frauen vollkommen perplex – sie können einfach nicht glauben, was passiert ist, vielleicht sind sie zunächst sogar ziemlich aufgebracht und wütend. Wenn sich der Partner jedoch entschuldigt, sehen sie meist keinen Grund, den Versprechungen nicht zu trauen. Sie bemühen sich, »vernünftig« zu reagieren, sie wollen den Vorfall nicht aufbauschen. Sie wollen auch nicht gleich die Flinte ins Korn werfen und den Partner im Stich lassen, wenn es Probleme gibt. Deswegen sind sie bereit, »die Sache« zu vergessen und mit der Beziehung weiterzumachen.

Mit dieser Strategie schützen Frauen sich vor den Selbstzweifeln, der Angst und den Schuldgefühlen. Sie übersehen dabei allerdings manchmal, wie im Laufe der Zeit die Situation eskaliert und gefährlich wird. Oft wird ihnen erst nach dem Ende der Beziehung klar, was sie alles in Kauf genommen haben, um es in der Partnerschaft auszuhalten:

Die folgenden Gedanken und Verhaltensweisen sollten Sie aufmerksam machen:

- Ihr Partner gibt Ihnen das Gefühl, alles falsch zu machen und eine Versagerin zu sein.
- Sie achten darauf, jeden seiner Wünsche peinlich genau zu erfüllen.
- Sie glauben, dass es das Wichtigste ist, die Familie zu erhalten.
- Sie glauben, dass der Partner Recht hat, wenn er Ihre intellektuellen Fähigkeiten, Ihr Aussehen oder Ihr Verhalten kritisiert/bemängelt.
- Sie glauben, dass die Gewalttätigkeiten aufhören, wenn Sie es schaffen, alles richtig zu machen.
- Sie glauben, dass nicht er selbst, sondern äußere Ursachen – berufliche Anspannung, eine schwierige Kindheit, Alkoholprobleme – schuld an seiner Gewalttätigkeit sind.

- Sie glauben, dass er manchmal Recht hat, Sie zu schlagen.
- Sie glauben, dass Sie sich nicht aus dieser Beziehung lösen können und allein nicht klar kommen würden.
- Sie glauben, dass er von Ihnen abhängig ist und allein nicht zurechtkommt.[37]

Wenn Sie öfters solche Gedanken haben, ist das ein Warnzeichen. Aller Wahrscheinlichkeit nach ist es keine Lösung, darauf zu warten, dass Ihr Partner sich ändert. Die Erfahrung lehrt, dass Gewalt nur selten von allein aufhört. Haben Sie Angst vor den Konsequenzen einer Trennung? Möglicherweise gibt es auch noch andere Lösungen. Beratungsstellen können Ihnen helfen, Ihre Situation und Ihre Perspektiven zu klären. Hinweise für die Suche nach Beratungsstellen finden Sie im Anhang.

Bleiben oder gehen? Warum misshandelte Frauen weder ein noch aus wissen

Manchmal versucht Sabine sich zu erinnern, wann die Schwierigkeiten angefangen haben. Früher hat sie sich gefreut, wenn Stefan nach Hause kam. Sie hat noch mal kurz in den Spiegel geschaut, wenn sie seine Schritte im Treppenhaus hörte und dann strahlend die Tür aufgemacht, bevor er den Schlüssel ins Schloss stecken konnte. Früher hat er sie stolz seinen Kollegen vorgestellt, wenn sie sie auf der Straße trafen: »Meine Frau, die Sportskanone!« Früher hat er mit den Kindern am Wochenende gespielt oder Ausflüge gemacht. Irgendwann hat sich die Stimmung geändert. Wie lange ist das her? Zwei Jahre? Drei Jahre? Heute ist sie erleichtert, wenn er anruft und sagt, dass er später heimkommt. Wenn er vor dem Fernseher sitzt oder nach dem Essen noch mal in die Garage geht, um an seinem Motorrad zu basteln. Je weniger Zeit sie miteinander verbringen, umso besser. Denn wenn sie zusammen sind, knistert die Luft – ein falsches Wort, und es knallt. Nicht jeden Tag, aber immer öfter – und es macht ihr immer mehr Angst.
Sabine und Stefan sind seit sieben Jahren verheiratet. Sie haben zwei Kinder, Tim und Sarah, sechs und drei Jahre alt. Kennengelernt haben sie

sich im Sportverein: Sabine trainierte die Volleyballmannschaft, in der Stefan damals spielte. Sie war als Lehrerin für Englisch und Sport neu in die Stadt gekommen und kannte niemanden außer ihren Kollegen in der Schule. Von Anfang an bemühte sich Stefan um ihre Aufmerksamkeit, zeigte ihr die Sehenswürdigkeiten der Stadt, ging mit ihr essen, stellte sie seinen Freunden vor. Sabine verliebte sich in Stefan, beeindruckt von seinem Werben, seinem Charme und seiner Fürsorglichkeit. Es irritierte sie ein wenig, dass er stundenlang bohrende Fragen stellte, wenn sie von einer Klassenfahrt oder von Sportwettkämpfen zurückkam – aber solche Situationen waren selten und schnell bereinigt. Außerdem fand Sabine, dass ein bisschen Eifersucht in einer guten Beziehung ganz normal ist.

Nach Tims Geburt hatte sie aufgehört zu arbeiten – Stefan verdient gut in seinem Job bei der Stadtverwaltung, sie haben keine Geldsorgen. Sabine genoss das Familienleben; die Kinder gediehen gut, und Stefan kümmerte sich sehr um sie.

Nicht wegen des Geldes, sondern mehr aus Spaß fing Sabine ein Jahr nach Sarahs Geburt an, in einem Fitness-Studio zu arbeiten. Das Studio gehört Sabines altem Studienkollegen Ralf. Er hatte ihr vorgeschlagen, stundenweise als Trainerin bei ihm zu arbeiten, zwei Vormittage in der Woche und ein paar Stunden am Wochenende. Stefan war von Anfang an nicht begeistert von der Idee, Sabine hatte um sein Einverständnis fast gebettelt. Nach vier Jahren nur mit Kindern und Haushalt hatte sie sich darauf gefreut, wieder rauszukommen, mit Erwachsenen zu tun zu haben, etwas Neues kennen zu lernen. Sie geht gern ins Fitness-Studio, sie fühlt sich wohl im Team, genießt die freundliche, entspannte Arbeitsatmosphäre und hat sich mit einer jüngeren Kollegin angefreundet. Vor einiger Zeit hat Ralf Sabine angeboten, im nächsten Jahr als Geschäftsführerin eines zweiten Studios einzusteigen. Sabine war begeistert und geschmeichelt, aber sie hat bisher nicht gewagt, Stefan davon zu erzählen. Er macht sowieso dauernd abfällige Bemerkungen über »diesen Laden« und »diese Aerobic-Affen« – das Fitness-Studio ist ein rotes Tuch für ihn.

Gestern Abend war es wieder soweit: Stefan hatte sie angebrüllt: »Ich habe die Schnauze voll von diesem Fitness-Quatsch, damit ist jetzt Schluss!« Er hatte sie an den Schultern gepackt und gegen den Türrahmen geworfen. Sie war wie versteinert, als er sie losließ – auch dann noch, als er in die Garage gegangen war. Die Nacht verbrachte sie – wie fast immer nach solchen Szenen – schlaflos auf dem Sofa in Tims Zimmer. Morgens wartete sie, bis Stefan das Haus verlassen hatte, und machte dann die Kinder für die Schule und den Kindergarten fertig. Aus Erfahrung weiß sie in etwa, wie es weitergehen wird. Heute Nachmittag würde er zerknirscht heimkommen. Manchmal bringt er nach so einem Ausbruch einen Blumenstrauß mit, immer entschuldigt er sich, erklärt, wie sehr er sie liebt – und sie akzeptiert, erleichtert, dass die nächsten Abende ruhig verlaufen werden. Natürlich wird sie den Termin im Fitness-Studio absagen, der ihn so wütend gemacht hat – wie immer.

Sie bewegt prüfend die Schultern – ein leichtes Ziehen, mehr nicht. Verletzt hat er sie dieses Mal offenbar nicht. Als Stefan das erste Mal ausgerastet war und sie gestoßen hatte, fiel Sabine so unglücklich auf den Couchtisch, dass eine Rippe angebrochen war und sie vor Schmerzen kaum atmen konnte. Auch damals hatte Stefan sich entschuldigt und sich bemüht, alles wieder gutzumachen: Er hatte sich sogar zwei Tage frei genommen und sich um die Kinder, den Einkauf und den Haushalt gekümmert. Sabine war gleichzeitig schockiert und gerührt gewesen: schockiert von seinem unbeherrschten Angriff und gerührt von seinen Bemühen, sie wieder für sich zu gewinnen. In dieser Stimmung hatte sie einige Tage später ihrer Schwester am Telefon erzählt, was passiert war. Ihre Schwester war entsetzt gewesen und hatte sehr entschieden gesagt: »Das kannst du dir nicht bieten lassen – der Mann ist ja gefährlich!« Sie riet ihr, Stefan zu verlassen. Seitdem haben sie das Thema nicht mehr angesprochen. Aber das Gespräch nagt an Sabine, wenn Stefan wieder ausrastet, und sie weiß schon gar nicht mehr, wie oft es seitdem passiert ist. Sie ist unsicher: Eigentlich liebt er sie doch – vielleicht braucht er etwas mehr Zeit, um sich daran zu gewöhnen, dass sie sich geändert hat, dass sie auch außerhalb der Familie Interessen hat? Vielleicht sollte sich einfach noch mehr um ihn und die Familie kümmern, damit es so wird wie früher ...

Sabines Situation zeigt: Die Gewalt schleicht sich oft auf leisen Sohlen in die Beziehung, und es ist für die Betroffenen schwer, sich angemessen zu wehren und rechtzeitig Konsequenzen zu ziehen.

Für Außenstehende ist es meist unbegreiflich, wie misshandelte Frauen sich verhalten: Sie halten die Fassade aufrecht, sie nehmen den Täter in Schutz, sie suchen Entschuldigungen für sein Verhalten, sie geben ihm immer wieder eine Chance – vieles an diesem Verhalten wirkt vollkommen »unlogisch«. Aber die betroffenen Frauen tun das nicht ohne Grund.

»Er ist in einer schwierigen Phase und braucht mich ...«

Es ist typisch für Gewalt in Beziehungen, dass der Täter nach einem Übergriff alles tut, um das Geschehene vergessen zu machen und seine Partnerin wieder für sich zu gewinnen. Spätestens am nächsten Morgen bittet er um Verzeihung für den »Ausrutscher« und verspricht, dass es nie wieder vorkommen wird. Vielleicht versucht er auch zu erklären, warum er keine Schuld hat: der Ärger mit dem Chef oder Misserfolge bei der Arbeit, die Aufmüpfigkeiten der Kinder, die teure Autoreparatur, und dann hat sie auch noch dieses leidige Thema angesprochen – da ist ihm einfach der Kragen geplatzt. Jede Entschuldigung verschafft der betroffenen Frau ein bisschen Erleichterung. Sie hofft, dass dieser Vorfall der letzte war. Und sie bemüht sich, keinen Anlass für neuen Streit zu geben. Sie sorgt dafür, dass die Kinder ruhig sind, wenn er nach Hause kommt; sie gibt ihr Hobby auf, weil es ihn nervt, wenn sie abends nicht zu Hause ist; sie trifft sich nicht mehr mit Arbeitskollegen oder Freundinnen, um ihn nicht zu provozieren; und sie glaubt daran, dass die Gewalt aufhört und er wieder seine guten Seiten zeigt, wenn sie nur genug Geduld hat und sich genügend bemüht.

»Er ist ein guter Vater und die Kinder hängen an ihm ...«

Für viele Frauen sind die Kinder der Grund, warum sie in einer schwierigen und gewalttätigen Beziehung ausharren. Sie wollen den Kindern nicht den Vater entziehen, sie wollen den Kindern eine intakte Familie erhalten, sie wollen, dass die Kinder »normal« aufwachsen. Sie sehen, welche Verluste eine Trennung vom Vater für die Kinder bedeuten würde: ihnen würde eine wichtige Bezugsperson fehlen, sie müssten die gewohnte Umgebung verlassen. Die Frauen befürchten, dass durch eine Trennung die Beziehung zu den Eltern des Vaters gekappt würde und dass die Kinder auch die Großeltern verlieren würden. Und manchmal haben misshandelte Frauen große Angst davor, dass sie selbst ihre Kinder durch eine Trennung verlieren könnten – weil der Mann gedroht hat, mit allen Mitteln um das Sorgerecht zu kämpfen: »Du kannst ja gehen, wenn dir das nicht passt, aber die Kinder bleiben bei mir!«

»Ich weiß nicht, wie es dann weitergehen soll ...«

Der misshandelnde Partner ist nicht nur Gewalttäter – er ist auch und vor allem der Ehemann, der Freund, der Mensch, mit dem sie die Zukunft geplant haben und mit dem sie ihr Leben teilen wollen. Manche Frauen haben für das Leben mit ihrem Mann beruflich zurückgesteckt, eine Ausbildung abgebrochen, auf eine Karriere verzichtet. Sie merken oft erst in der Gewaltsituation, dass sie abhängig von ihm sind – emotional *und* materiell. Sie haben Angst davor, allein zu sein. Sie wissen nicht, ob sie auf die Unterstützung von Verwandten oder Freunden zählen können. Sie befürchten vielleicht auch einen Statusverlust, wenn sie geschieden und alleinerziehend leben. Werden sie sich allein behaupten können, eine ausreichend bezahlte Arbeit finden, die Kinder gut versorgen können?

»Ich bin mitschuldig, dass es so weit gekommen ist ...«

Misshandelte Frauen haben oft das Gefühl, selbst dazu beigetragen zu haben, dass es zu Gewalt gekommen ist. Sie glauben, dass sie mit ihrem Verhalten den Übergriff provoziert haben – und der Täter bestärkt sie in diesem Gefühl. Wenn sie das Essen rechtzeitig serviert hätten, wenn sie nicht mit dem Mann im Supermarkt geflirtet hätten, wenn sie seinen Eltern nicht widersprochen hätten oder wenn die Kinder rechtzeitig im Bett gewesen wären ... dann wären sie auch nicht geschlagen worden.

Liebe und Hoffnung, Angst und Abhängigkeit lassen die Situation oft ausweglos erscheinen:

- Sie liebt ihren Mann – und sie fürchtet sich vor seinen Ausbrüchen.
- Er sagt, dass es nie wieder passieren wird – und beim nächsten Mal ist es schlimmer als zuvor.
- Es kostet sie viel Kraft, seine gereizten und aggressiven Stimmungen zu besänftigen – und viel Selbstbewusstsein, wenn es dann doch misslingt.
- Die Eltern erwarten von ihr, dass sie durchhält, schon wegen der Kinder – und ihre beste Freundin rät, ihn zu verlassen.
- Er sagt, dass er ohne sie nicht leben kann – aber manchmal fragt sie sich, ob sie ohne ihn nicht besser dran wäre.

Viele Frauen leben jahrein, jahraus in diesem Gefühlswirrwarr. Sie hoffen, dass er sich ändert, und befürchten, dass es immer so weitergehen könnte. Sie ziehen für eine Weile zu den Eltern und kehren zurück, weil er Besserung gelobt und ganz neu anfangen will. Euphorie wechselt ab mit Resignation, Flitterwochenstimmung nach einer Versöhnung mit Panik und Schuldgefühlen, wenn es wieder passiert ist. Die Frauen haben das Gefühl: Was immer sie tun, es kann das Falsche sein: Wenn sie den Mann verlassen, wird man ihnen vorwerfen können, dass sie die Sache dramatisieren und eine Familie zerstören. Bleiben sie, könnte es heißen, dass es wohl so schlimm nicht gewesen sein kann oder dass sie selbst schuld sind an der Situation.

Einen solchen Gefühlswirrwarr nennt man Ambivalenz – es ist die typische Situation für Menschen, die in einer Gewaltbeziehung leben. In der Beziehung zu bleiben ist schmerzhaft und bedrohlich, die Vorstellung zu gehen ist es aber auch. Ambivalenzen machen entscheidungsunfähig: Eigentlich möchte die Frau die Beziehung fortsetzen, die Sicherheit erhalten und sich auf die positiven Seiten konzentrieren. In anderen Momenten überwiegt wiederum das Gefühl, die spannungsgeladene Atmosphäre nicht mehr ertragen zu können oder ein besseres Leben zu verpassen – dann will sie unbedingt weg.

Was Sie überlegen sollten, wenn Ihr Mann, Ihr Partner oder Ihr Freund Sie geschlagen hat

Gewalt in Beziehungen ist sehr oft ein Teufelskreis. Wenn das Tabu einmal gebrochen ist, dreht die Spirale sich weiter: er wird sich entschuldigen und Versprechungen machen – und dann doch wieder zuschlagen, aus immer nichtigeren Anlässen, mit immer weniger Hemmungen. Je länger Frauen die Demütigungen und Schläge ertragen, desto schwieriger wird es, zu einer harmonischen und gleichberechtigten Partnerschaft zurückzukehren. Gewalt hört nicht von allein auf. Wenn ein Mann schon einmal zugeschlagen hat, wird er es mit einiger Wahrscheinlichkeit wieder tun – wenn die Frau sich nicht wehrt.

- Es kann gefährlich werden, wenn Eifersuchtsanfälle und Wutausbrüche sich häufen, sie sind oft die Vorstufe für körperliche Gewalt. Trauen Sie Ihrem Gefühl – es wird Ihnen sagen, wenn etwas nicht in Ordnung ist.
- Immer nur nachgeben ist keine Lösung. Wenn Ihr Mann Ihnen Kontakte zu Freundinnen oder eigenständige Aktivitäten verbietet, stimmt etwas nicht. Versuchen Sie, sich zu behaupten, und lassen Sie sich nicht von anderen Menschen isolieren. Freundinnen und Freunde zu haben ist wichtig, auch wenn man in einer Beziehung lebt.
- Versuchen Sie nicht, unbedingt allein damit fertig zu werden, wenn Ihr Partner gewalttätig geworden ist. Egal, wie oder warum es passiert ist – Gewalt ist auch in Beziehungen Unrecht, und es gibt Beratungsstellen, die Sie dabei unterstützen, Ihre Situation zu klären und zu verändern.

Viele Frauen fürchten sich davor, eine Trennung ins Auge zu fassen, weil sie die Konsequenzen nicht übersehen können. Wenn es Ihnen so geht und wenn Sie oft denken: »Ich würde gehen,
- wenn ich wüsste, dass ich danach nicht auf der Straße lande,
- wenn ich wüsste, wohin ich gehen kann,
- wenn ich die Rachegefühle meines Mannes aushalten könnte,

- wenn ich danach nicht von meiner Familie oder meinen Freunden geschnitten würde,
- wenn ich mir sicher wäre, dass die Kinder nicht darunter leiden müssen«,

dann ist eine Beratungsstelle die richtige Adresse für Sie. Sie müssen selbst entscheiden, ob eine Trennung das Richtige für Sie ist. Eine Beratung kann Ihnen jedoch dabei helfen, Ihre Beziehung einzuschätzen und tragfähige Perspektiven zu entwickeln. Eine Beratungsstelle hilft, das Für und Wider von verschiedenen Handlungsmöglichkeiten abzuwägen und das Durcheinander der vielen Gedanken im Kopf zu sortieren.

Die Kinder leiden mit

»Als er mich wieder einmal grün und blau geschlagen hatte und ich weinend auf dem Bett saß, kam meine kleine Tochter zu mir ins Zimmer: ›Hat Papa dir wieder weh getan?‹ Sie versuchte mich zu trösten. Erst da ist mir so richtig klar geworden, in welcher Umgebung meine Kleine eigentlich aufwächst. Und wenn ich für den Vater der letzte Dreck bin, welche Achtung kann das Mädchen vor mir haben? Und wie verarbeitet sie das eigentlich?«

Nordwest-Zeitung, 1. Oktober 2003

Kinder sind in (gestörten) Familien immer auch Leidtragende. Das gilt in ganz besonderem Maße, wenn es zu Gewalt zwischen den Eltern kommt: Zu sehen, wie die Mutter angegriffen wird und dass sie weint, sich wehrt oder flieht; mitzuerleben, wie andere Erwachsene, Verwandte oder Nachbarn auf die Situation reagieren; womöglich zu beobachten, wie die Polizei gerufen wird, die den Vater mitnimmt und die Mutter im Krankenhaus zu wissen – alles das ist eine ungeheure Belastung für Mädchen und Jungen. Ihre engsten Bezugspersonen sind offensichtlich außer Kontrolle – das ist beängstigend und bedrohlich.

Allein diese psychischen Belastungen sind für Kinder schwer zu ertragen und zu bewältigen. Darüber hinaus ist ihre eigene Sicherheit gefährdet. Denn wenn eine Frau misshandelt wird, sind die Kinder vielfach nicht nur die Zeugen, sondern auch selbst Opfer. Sie werden ebenfalls herumgeschubst, angebrüllt, geschlagen und verletzt. Es passiert, weil sie einfach da sind oder »im Weg« stehen, manchmal aber auch, weil sie sich einmischen, den Vater beruhigen und die Mutter beschützen wollen. Dass Partnergewalt und direkte Gewalt gegen Kinder so miteinander verknüpft sind, ist eher die Regel als eine Ausnahme. Außerdem zeigen viele Studien aus dem In- und Ausland, dass Übergriffe zwischen den Eltern den Kindern immer schaden, unabhängig davon, ob sie selbst unmittelbar Gewalt erleiden oder nicht.

Wie Kinder Gewalt erleben

- »Ich habe sie immer auseinander getan, weil ich Angst gehabt habe, dass sie sich gegenseitig umbringen.« (Junge, 11 Jahre)
- »Die Mama hat so geweint. Das habe ich durch die Wand gehört. Wir Kinder haben uns unter der Bettdecke versteckt. Das war ganz schlimm!« (Mädchen, 9 Jahre)
- »Die Mama hat geblutet. Dann habe ich solche Angst gehabt, dass sie sterben muss. Aber ich konnte gar nichts machen.« (Junge, 7 Jahre)
- »Es hat mir auch wehgetan, wie er sie geschlagen hat, in meinem Bauch zitterte alles.« (Mädchen, 11 Jahre)
- »Und am Abend, da konnte ich nie schlafen, da hatte ich immer Albträume ...« (Mädchen, 12 Jahre)[38]

Seltsamerweise glauben viele Erwachsene, dass Kinder es gar nicht mitbekommen, wenn zwischen den Eltern Gewalt herrscht. Vielleicht stammt die Vorstellung daher, dass wir einfach hoffen, dass Kindern eine solche Erfahrung erspart bleibt. Wir möchten lieber glauben, dass Kinder Schläge und Gebrüll nicht mitbekommen haben, weil sie nicht mit im Zimmer waren oder weil sie zu dem Zeitpunkt schon schliefen oder weil sie zu klein sind, um zu verstehen, worum es geht. Leider ist das bloßes Wunschdenken. Das Gegenteil ist der Fall, Kinder bekommen es eigentlich immer mit, wenn der Vater die Mutter herumschubst, anbrüllt oder schlägt, ganz gleich, ob sie vor dem Fernseher sitzen oder schon im Bett liegen. Wenn die Gewalt nicht vor ihren Augen passiert, geschieht sie vor ihren Ohren. Selbst wenn sie nicht direkt gesehen oder gehört haben, *was* passiert ist, merken sie mit einiger Wahrscheinlichkeit an den Auswirkungen, *dass etwas* passiert ist. Vielleicht fällt ihnen auf, dass die Mutter verletzt, verstört oder in sich gekehrt ist, vielleicht registrieren sie die Unordnung in der Wohnung oder die gedrückte Stimmung. Eins ist sicher: Kinder, auch sehr kleine Kinder, haben empfindliche »Antennen« dafür, wenn sich zwischen ihren Eltern eine bedrohliche und aggressive Atmosphäre aufgebaut hat. Und sie leiden immer darunter.

Sehr eindrucksvoll beschreibt die Soziologin Barbara Kavemann, wie es Kindern in Gewaltsituationen ergeht:[39]

- *Sie sehen,* wie der Vater die Mutter einschüchtert, Gegenstände durch den Raum wirft, die Mutter an den Haaren zieht, schlägt oder sie zu Boden stößt. Sie sehen vielleicht auch, dass er ein Messer zückt. Sie sehen, wie die Mutter sich wehrt und kämpft. Sie sehen auch, dass sie blutet und sich im Badezimmer einschließt.
- *Sie hören* Beleidigungen, Beschimpfungen und Demütigungen. Sie hören, wie die Mutter weint und wimmert oder keinen Laut mehr von sich gibt. Und sie hören, wenn die Mutter auf die Fragen einer Nachbarin oder des Arztes sagt, dass sie gestürzt ist und sich dabei diese Verletzungen zugezogen hat.
- *Sie spüren* die bedrohliche Atmosphäre vor einem Ausbruch, die Gereiztheit des Vater, die Ausweich- und Beruhigungsversuche der Mutter. Sie spüren die Angst der kleinen Geschwister, aber auch die eigene Angst und Ohnmacht. Sie befürchten, dass die Mutter schwer verletzt oder getötet wird, und sie haben Angst, selbst verletzt oder getötet zu werden.

Diesen Eindrücken und Bedrohungsgefühlen sind Kinder in der Regel schutzlos ausgeliefert. Das gilt umso mehr, je jünger sie sind.

Väter und Mütter sind die wichtigsten Bezugspersonen für Kinder. Dadurch, dass sie zuverlässig da sind und sich liebevoll und berechenbar verhalten, geben sie ihren Kindern Schutz und Orientierung. Wenn dieses System nicht mehr funktioniert, sind Kinder verunsichert. Und Gewalt zwischen den Eltern verunsichert sie nicht nur, sondern ist oft ein richtiger Schock. Die aggressive Atmosphäre oder der Angriff untergräbt die emotionale Geborgenheit und die »innere Sicherheit«. Die meisten betroffenen Kinder stehen so einem Erlebnis hilflos gegenüber und sind vollkommen überfordert.

Und im Gegensatz zu der landläufigen Annahme, dass sie sich an solche Situationen gewöhnen können, zeigen psychologische Forschungen, dass Mädchen und Jungen immer mehr leiden, je öfter sie solchen Situationen ausgesetzt sind.

Die sichtbaren Reaktionen auf eine solche Überlastung können unterschiedlich ausfallen. Sie sind abhängig vom Alter und Temperament des Kindes, von der Beziehung zwischen Eltern und Kindern und von der Form der Gewalt. Einige Kinder zeigen typische Schockreaktionen: Sie sind wie erstarrt und nicht ansprechbar, wirken desorientiert und verwirrt. Andere Kinder weinen und schreien, sie klammern sich an die Mutter (oder den Vater) oder schlagen um sich. Manche Kinder versuchen, der Situation zu entkommen, indem sie sich verstecken. Ältere Mädchen und Jungen versuchen manchmal, ihre Mutter zu beschützen, und gehen »dazwischen«. Dabei kann es passieren, dass sie selbst geschlagen oder gestoßen werden. Wenn der Angriff vorbei ist, trösten manche Kinder die Mutter, sie leisten erste Hilfe oder räumen die Wohnung auf. Es kommt auch vor, dass Kinder scheinbar gleichgültig reagieren und so tun, als sei nichts passiert. Solche Reaktionen kann man vor allem bei Kindern beobachten, die schon häufiger Gewalt miterlebt haben. Das bedeutet keineswegs, dass ihnen der Vorfall nichts ausmacht – es ist eher ein Hinweis darauf, dass sie versuchen, ihre Gefühle zu verdrängen.

Diese und andere Reaktionen können sich in den Tagen danach phasenweise wiederholen oder zeitverzögert auftreten, zum Beispiel beim Einschlafen oder in der Nacht, wenn sie allein sind oder unter Anspannung stehen. Oft sind Kinder eine Zeitlang niedergeschlagen, ängstlich und geistesabwesend, manche reagieren aber auch besonders aggressiv. Diese ersten Reaktionen sagen in der Regel wenig darüber aus, wie ein Mädchen oder ein Junge das Erlebnis langfristig verarbeitet. Sehr heftige Reaktionen zeigen einerseits an, wie schwer die Erschütterung ist – gleichzeitig können diese Verhaltensweisen auch ein erster Schritt zur Bewältigung sein. Unauffällige, stille oder scheinbar gleichgültige Reaktionen bedeuten auf der anderen Seite nicht unbedingt, dass das Erlebte das Kind nicht berührt und es sich keine Gedanken macht. Diese Kinder finden oft keinen anderen Weg, als sich zurückzuziehen, um mit der Belastung und Verwirrung fertig zu werden.

Wenn Kinder öfter und über einen längeren Zeitraum Zeugen von Gewalt werden, kann das zu tiefgreifenden Beeinträchtigungen führen. Manche Kinder leiden an hartnäckigen Schlafstörungen und Alpträumen, manche sind extrem anhänglich und brauchen sehr viel Zuwendung. Viele Mädchen und Jungen können sich nur noch schwer konzentrieren, sie tun sich mit dem Lernen schwerer und bekommen schlechtere Noten. Einige reagieren aggressiv, gegen andere Kinder, gegenüber den Geschwistern, aber auch, indem sie alle Zuwendungsversuche der Mutter oder des Vaters abwehren. Solche Verhaltensweisen zeigen, welche Kraft es die Kinder kostet, die Situation emotional zu verarbeiten.

Jungen und Mädchen müssen das Geschehen aber nicht nur emotional, sondern auch gedanklich bewältigen. Egal wie alt sie sind: Sie machen sich Gedanken über die familiäre Situation, entwickeln ihre eigenen Fantasien und suchen nach Erklärungen für das, was passiert ist. Viele Kinder kommen dabei zu der Überzeugung, dass sie selbst die Übergriffe des Vaters ausgelöst haben und somit auch für die Folgen verantwortlich sind. Sie leiden unter Schuldgefühlen, weil die Gewaltsituation sich an einem Konflikt über sie entzündet hat, über ihr Verhalten, über ihre Schulnoten oder nicht erledigte Hausaufgaben oder weil es ihr Spielzeug war, das im Weg lag. Oft glauben Mädchen und Jungen, dass sie die Gewalt hätten verhindern müssen. Kleinkinder fühlen sich in der Regel als Verursacher *aller* Verhaltensweisen ihrer Bezugspersonen, weil sie – ganz normal und ihrem Entwicklungsstand entsprechend – in einer Welt leben, in der sich alles um sie dreht: Sie haben ein »egozentrisches Weltbild« und beziehen deswegen jedes Verhalten der Mutter und des Vaters auf sich selbst.

Die Vorstellung, die Gewalt verschuldet zu haben, ist eine große Belastung. Viele Kinder schämen sich, weil sie es nicht geschafft haben, den Ausbruch des Vaters zu verhindern oder die Mutter zu beschützen. Manche Kinder beobachten wachsam jedes Verhalten der Eltern, reagieren sehr aufmerksam auf Stimmungswechsel und versuchen, durch ein besonders »braves«, angepasstes Verhalten zu verhindern, dass es erneut zu Gewalt kommt. Sie leben sozusagen auf Zehenspitzen, damit nichts passiert. Weil sie so angespannt und übervorsichtig auf bedrohliche Situationen achten, haben sie für andere – auch schöne und entlastende – Erlebnisse in ihrem Leben keine Aufmerksamkeit mehr übrig. Andere Kinder, vor allem Mädchen, kompensieren ihre Schuldgefühle, indem sie sehr viel Verantwortung für die Organisation des Familienlebens übernehmen, sich um den Haushalt oder die jüngeren Geschwister kümmern.

Gewalttaten des Vaters gegen die Mutter beeinträchtigen in der Regel die Beziehung der Kinder zu *beiden* Elternteilen. Beide Eltern sind – mit unterschiedlichen Vorzeichen – für die Kinder nicht »erreichbar« und ansprechbar. Bei den Kindern kann das widersprüchliche Gefühle auslösen. Gegenüber der Mutter mischt sich oft tiefes Mitleid mit Wut oder Enttäuschung, weil die Mutter die Gewalt nicht verhindern und ihre Kinder nicht davor beschützen kann. Aber auch gegenüber dem Vater sind die Gefühle verwirrend: Einerseits haben sie Angst vor ihm oder verachten ihn für sein Verhalten. Diese Ablehnung kann aber einhergehen mit Liebe und Anhänglichkeit und dem Wunsch, dass alles wieder gut wird. Auf der einen Seite fürchten oder hassen sie ihn für die Gewalt und die bedrohliche Atmosphäre, die er verbreitet, auf der anderen Seite sehnen sie sich jedoch nach seiner Zuwendung.

»Manchmal wenn ich an Papa denke, möchte ich ihn nie wieder sehen. Aber dann fallen mir auch wieder die guten Sachen ein. Wie wir zum Beispiel Verstecken gespielt haben. Und dann weiß ich nicht mehr, was ich denken soll.«[40]

Was die Situation zusätzlich erschwert: In den meisten Fällen beobachten die Kinder, dass über die Gewalt weder innerhalb der Familie noch mit Außenstehenden gesprochen wird; oft bekommen sie mit, dass die Vorfälle sorgfältig getarnt oder sogar geleugnet werden. Kinder ziehen daraus den Schluss, dass die Gewalt ein Familiengeheimnis ist. Sie schweigen daher in der Regel aus Loyalität ebenfalls. Als einzige Ansprechpartner bleiben die Geschwister, manchmal auch gleichaltrige Freundinnen und Freunde. Das kann einen gewissen Trost geben. Was Kinder aber außerdem unbedingt brauchen, ist eine *erwachsene* Person, die ihnen hilft, die Situation zu verstehen und einzuordnen. Denn wenn Kinder keine Erklärungen bekommen und nicht darüber reden dürfen, verursacht das neue Probleme. Die eigenen Fantasien der Kinder über die Ursachen der Gewalt und ihre Schuldgefühle können sich ungehindert ausbreiten, wenn kein zuverlässiger Erwachsener da ist, um sie zu trösten und die Schuldgefühle mit glaubwürdigen Erklärungen zu verhindern.

»Alle meine Freundinnen fanden meinen Vater toll. Alle mochten ihn, seine Kollegen und auch meine Lehrer. Aber zuhause war es anders. Er wollte immer alles bestimmen. Er kontrollierte alles, was meine Mutter tat, sogar das Haushaltsgeld. Manchmal war er nett zu mir. Aber plötzlich wurde er sauer und warf mit Sachen um sich. Mein Bruder war auf seiner Seite. Aber einmal machte mein Vater alle seine CDs kaputt – ich glaube, danach hat mein Bruder seine Meinung geändert.
Mama weinte oft, obwohl sie hart im Nehmen ist. Ich fühlte mich so nutzlos. Einmal wollte ich meiner Tante alles erzählen, aber sie wollte nichts davon wissen. Die Leute glauben, was in der Familie passiert, ist Privatsache.
Ich wusste nicht, was mein Vater noch tun würde. Ich hatte immer mehr Angst. Da fiel mir der Kindernotruf ein. Ich musste öfter versuchen, bis ich durchkam. Die Frau hörte mir zu und half mir herauszufinden, was ich tun kann.
Ich versuchte, meiner Tante noch mal zu erklären, dass es wichtig war, weil wir alle Angst haben. Da hat sie mich ernst genommen. Am nächsten Tag besuchte sie Mama. Mein Bruder und ich hörten meiner Tante von

oben zu. Sie sagte, mein Vater soll sich nicht so benehmen. Mein Onkel will mit ihm sprechen – und es gibt Stellen, die Mama helfen können. Ich glaube, es ist gut für Mama zu wissen, dass andere auf ihrer Seite sind. Und ich weiß jetzt, wenn es nötig ist, kann ich wieder zu meiner Tante gehen.«[41]

Was Kinder brauchen, wenn sie Gewalt erlebt haben

Ohne dass jemand es ausdrücklich verbieten müsste, begreifen Kinder fast immer sofort, dass über die Gewalt nicht geredet werden soll. Die meisten Kinder halten sich daran. Wenn sie nichts sagen und nichts fragen, schlussfolgern Erwachsene oft, dass es den Kindern nicht so viel ausmacht oder dass sie allein damit klarkommen. Doch das ist ein Trugschluss. Innerlich beschäftigen sich die Kinder nahezu pausenlos mit dem Problem: Sie überlegen, was sie tun könnten, um ihrer Mutter zu helfen; sie malen sich aus, wie es weitergeht zwischen den Eltern; sie wünschen sich, dass jemand merkt, wie es ihnen geht – oder sie befürchten, dass etwas Schlimmes passiert, wenn herauskommt, was zu Hause los ist. Sie wirken verschlossen und unglücklich, sie werden unkonzentriert und fahrig, vielleicht sogar unerträglich aufsässig. Alles das können Symptome dafür sein, dass sie allein mit der Situation nicht fertig werden.

Auch wenn Mütter in bester Absicht alles tun, um ihre Kinder vor Gewalt abzuschirmen – darüber zu schweigen ist nicht im Interesse des Kindes. Im Gegenteil: Nicht reden zu dürfen macht die Last für Kinder noch schwerer. Auch Ablenkungsmanöver oder Verharmlosungen wie »Papa hat sich nur ein bisschen aufgeregt ...« oder »Mama muss jetzt schlafen und dann ist alles wieder gut ...« helfen Kindern nicht, wenn sie etwas Schreckliches oder Schockierendes gesehen haben. Sie brauchen stattdessen eine Möglichkeit, ihre Gefühle, ihre Sorgen, Befürchtungen und Schuldgefühle irgendwo abzuladen. Sie müssen reden dürfen, damit sie sich vergewissern können, was wirklich passiert ist, und um das Erlebnis besser verarbeiten zu können. Sie brauchen dafür zuverlässige, belastbare Erwachsene, die sie zum Reden ermuntern und aushalten, was die Kinder loswerden wollen, was sie sagen und was sie fühlen.

Das Wichtigste ist, dass Kinder mit ihrer Mutter über Erlebtes und ihre Befürchtungen reden können. Mädchen und Jungen machen sich normalerweise große Sorgen, deshalb sollten Mütter ihnen altersgemäß erklären, was der Vater getan hat und wie es weitergehen wird. Dabei ist es besonders wichtig, dass Kinder von ihren Schuldgefühlen entlastet werden – Mütter sollten deshalb immer deutlich machen, dass nicht das Kind mit seinem Verhalten für die Übergriffe verantwortlich ist. Auch wenn es schwierig zu erklären ist: Versichern Sie Ihren Kindern unbedingt, dass Einschüchterungen, Beschimpfungen und Schläge die falschen Mittel sind, um zu streiten oder sich durchzusetzen, auch wenn es der eigene Vater ist, der so etwas tut. Wenn Sie erwarten, dass Ihr Mann erneut gewalttätig wird, sollten Sie mit dem Kind auch darüber reden, wie es sich dann verhalten kann. Kinder sollten klare Hinweise bekommen, wie sie sich schützen können: ins Kinderzimmer gehen, die Wohnung verlassen und zur Nachbarin gehen, die Polizei anrufen – es hängt vom Alter des Kindes und von den Lebensumständen ab, was sinnvoll ist. Wichtig ist dabei immer, dass Kinder sich nicht in die Situation einmischen sollten. Das kann gefährlich für sie werden, außerdem bürdet es ihnen eine viel zu schwere Verantwortung auf.

Mütter sollten ihrem Kind ausdrücklich erlauben, mit einem anderen Erwachsenen darüber zu sprechen. Gespräche mit einer Tante, einem Lehrer oder den Großeltern können Kinder zusätzlich entlasten: Sie können bei einem anderen Menschen offener über ihre widersprüchlichen Gefühle – Angst, Wut, Mitleid – reden. Die Mutter (auch der Vater) ist in Gewaltsituationen verständlicherweise so mit eigenen Problemen beschäftigt, dass beide nicht genug auf die Bedürfnisse ihrer Kinder eingehen können. Bei einem nahestehenden aber unbeteiligten Erwachsenen bekommen Kinder die Aufmerksamkeit, die sie brauchen, ohne dass sie darum kämpfen müssen und ohne dass sie befürchten müssen, ihre Eltern zusätzlich zu belasten. Kinder fühlen sich sicherer und können die Situation zu Hause besser aushalten, wenn sie sich einem Erwachsener anvertrauen können, der vorbehaltlos auf *ihrer* Seite steht, der Bescheid weiß, den sie anrufen können oder zu dem sie gehen können, wenn sie Hilfe oder Rat brauchen.

Gefühle und Gedanken von Mädchen und Jungen, die zu Hause Gewalt erleben

Sie haben Angst,
- weil sie nicht wissen, ob die Gewalt noch schlimmer wird und ob sie je aufhören wird ...
- weil sie denken, dass die Familie zerstört wird und sie in ein Heim kommen ...

Sie sind verwirrt,
- weil sie nicht verstehen, warum das ausgerechnet ihnen und ihrer Familie passiert ...
- weil sie nicht verstehen, warum ihr Vater manchmal nett und manchmal schrecklich ist ...
- weil sie nicht verstehen, warum die Mutter in dieser Situation ausharrt ...

Sie sind traurig,
- weil sich niemand um sie kümmert und sie beschützt ...
- weil sie zu machtlos sind, um ihrer Mutter zu helfen ...
- weil sie gar nicht wissen, was sie tun können ...

Aber sie sind auch wütend,
- weil das ausgerechnet ihnen und ihrer Familie passiert ...
- weil sich niemand um sie kümmert ...
- weil sie nicht wissen, was sie tun können ...

Für Kinder, die mitbekommen haben, dass ihr Vater ihre Mutter misshandelt, ist es eine große Hilfe, wenn sich der Vater dem Vorfall stellt und die Verantwortung dafür übernimmt. Wenn ein Vater sich verantwortlich erklärt, erleichtert das die Kinder; es hilft ihnen, den Vorfall einzuordnen und zu bewältigen. Auch die Väter sollten auf die Ängste und Beklemmungen eingehen, die sie bei den Kindern ausgelöst haben. Auch sie sollten nicht einfach totschweigen, was passiert ist.

Die Erfahrung zeigt allerdings, dass Männer große Schwierigkeiten haben, sich in solchen Situationen in die Perspektive eines Kindes zu versetzen und seine Gefühle nachzuvollziehen. Männer unterschätzen vielfach, wie stark sie mit ihrem Verhalten ihre Kinder verunsichern. Möglicherweise halten sie es für unnötig, mit den Kindern über die Misshandlungen zu reden, weil sie »die Kinder nicht angerührt haben« und die Gewalt eine »Sache zwischen mir und meiner Frau« ist. Damit verhindern sie, dass ihre Kinder das Erlebte verarbeiten können. Andererseits haben Väter in der Regel ein großes Interesse daran, dass ihre Kinder nicht unter ihrem Verhalten leiden. Hier ist ein Anknüpfungspunkt, um Männer zu motivieren, sich aktiv ihrer Verantwortung zu stellen. Die meisten Väter werden professionelle Unterstützung brauchen, um zu erkennen, wie sich ihre Gewalttätigkeit auf die Kinder auswirkt und wie sie den Kindern helfen können, die Erlebnisse zu bewältigen. Ansprechpartner bei der Suche nach einer geeigneten Beratung sind Jugendämter und Erziehungsberatungsstellen, aber auch Männer- und Täterberatungsstellen.

Was Kindern hilft, wenn sie Gewalt gegen ihre Mutter erlebt haben ...

- ... dass ihre Mutter mit ihnen darüber redet und Verständnis für die Gefühle der Kinder zeigt.
- ... dass sie außer ihren Eltern eine andere erwachsene Vertrauensperson haben und die Erlaubnis bekommen, mit ihr darüber zu reden.
- ... dass der Vater (Stiefvater, Lebensgefährte der Mutter) die Verantwortung für seine Taten übernimmt.
- ... die Versicherung, dass sie nicht schuld sind an der Gewalt.
- ... eine Verabredung, was sie tun können, zu wem sie gehen können, wenn es wieder zu Gewalt kommt.

Diese Materialien können helfen, um mit Kindern über Gewalt zwischen den Eltern zu sprechen:

Lisa Lercher, Michaela Haberl, Karina Voggeneder, Marion Geisler: Weil der Papa die Mama haut. Kinder aus dem Frauenhaus zeichnen und erzählen, Donna Vita Verlag, Ruhnmark 1997 (Bilderbuch)

Verein Autonome Österreichische Frauenhäuser: Bad Secrets! Halt der Gewalt, Wien 2001 (Comic – Bezug: www.aoef.at)

BIG – Berliner Interventionszentrale bei häuslicher Gewalt: Mehr Mut zum Reden. Von misshandelten Frauen und ihren Kindern. Berlin 2005 (Kostenlose Broschüre – Bezug: Bundesministerium für Familie, Senioren, Frauen und Jugend: www.bmfsfj.de oder www.big-interventionszentrale.de)

Kapitel 3: Wege aus der Gewalt

Recht gegen Faustrecht – das Gewaltschutzgesetz

Wenn eine betroffene Frau sich ein für alle Mal aus der Gewaltsituation zu Hause befreien will, steht der Staat ihr zur Seite. Häusliche Gewalt ist keine Privatsache und kein Kavaliersdelikt, sondern Kriminalität. Deshalb sind Polizei und Staatsanwaltschaft verpflichtet, Gewalt in Partnerschaften zu verfolgen, und die Täter können strafrechtlich zur Verantwortung gezogen werden. Daneben können Betroffene auch zivilrechtliche Mittel für ihren Schutz nutzen. Dazu wurde das Gewaltschutzgesetz geschaffen. Es ist seit Januar 2002 in Kraft und funktioniert nach dem Prinzip: Wer schlägt, muss gehen! Gewaltopfer müssen nicht wie früher – zusätzlich zu den Ängsten und Verletzungen – ihre Wohnung und die vertraute Umgebung aufgeben, um dem Täter zu entfliehen. Er kann stattdessen per Gerichtsbeschluss gezwungen werden, die Wohnung zu verlassen und jeden Kontakt zum Opfer abzubrechen. Hält er sich nicht daran, kann er bestraft werden.

Für wen gilt das Gewaltschutzgesetz?

Das Gewaltschutzgesetz gilt für Frauen und Männer, die in ihrer Ehe, ihrer Partnerschaft, ihrer Lebensgemeinschaft oder in ihrer Familie misshandelt, verletzt oder bedroht werden, unabhängig davon, ob die Gewalt zu Hause oder an einem anderem Ort verübt wird. Das Gewaltschutzgesetz bezieht sich auch auf nicht verheiratete Partner/innen und Ex-Partner/innen.

Ausnahme: Das Gewaltschutzgesetz greift nicht, wenn Kinder oder Jugendliche von ihren Eltern oder anderen Sorgeberechtigten misshandelt werden. In diesen Fällen gilt das Kindschafts- bzw. Vormundschaftsrecht.

Das Gewaltschutzgesetz funktioniert nicht vorbeugend. Es kann erst angewandt werden, wenn jemand bereits Gewaltopfer geworden ist. Als Gewalt im Sinn des Gesetzes gelten alle Verletzungen des Körpers, der Gesundheit oder der Freiheit eines anderen Menschen. Damit können auch massive Drohungen und andere Formen psychischer Gewalt wie Verfolgen oder Belästigen erfasst werden.

Was regelt das Gewaltschutzgesetz?

Wohnungszuweisungen

Wer zu Hause geschlagen oder massiv bedroht wurde, kann bei Gericht so genannte *Schutzanordnungen* und *Wohnungszuweisungen* beantragen. »Wohnungszuweisung«, bedeutet, dass die Verletzte die vorher gemeinsame Wohnung nun allein nutzen kann, ohne sie mit dem Täter teilen zu müssen – unabhängig davon, ob dieser vielleicht sogar alleiniger Mieter oder Eigentümer des Hauses oder der Wohnung ist. Falls der Täter Alleinmieter oder Eigentümer ist, begrenzt das Gericht die Wohnungszuweisung auf sechs Monate. Dieser Zeitraum kann unter bestimmten Umständen noch einmal verlängert werden, wenn es beispielsweise dem Opfer innerhalb dieser Zeit nicht gelingt, eine neue Wohnung zu finden. Der Täter darf in dieser Zeit nichts unternehmen, was die Nutzung der Wohnung erschwert oder verhindert – das Gericht kann ihm z. B. verbieten, die Wohnung zu kündigen oder an andere zu vermieten. Wenn der Täter Eigentümer oder Mieter ist und der Wohnung verwiesen wird, kann das Gericht anordnen, dass das Opfer ihm Miete zahlen muss. Eine Dauerlösung kann die gerichtliche Wohnungszuweisung daher nur dann sein, wenn das Opfer allein Rechte an der Wohnung hat, als Mieter/in oder als Eigentümer/in.

Ausnahme: Eine Wohnungszuweisung kommt möglicherweise nicht in Frage, wenn der Täter schwer krank oder behindert ist und die Wohnung entsprechend der Krankheit oder Behinderung eingerichtet ist.

Schutzanordnungen

Gerichtliche »Schutzanordnungen« sollen die Betroffenen vor neuen Übergriffen bewahren. Das kann der Fall sein, wenn eine Wohnungszuweisung allein keinen ausreichenden Schutz gewährleistet, weil der Täter sich nicht fernhält oder wenn er und das Opfer nicht mehr zusammenleben und die Übergriffe und Belästigungen eine Form von Stalking sind. Das Gericht kann dem Täter zum Beispiel verbieten,

- die Wohnung der Betroffenen zu betreten,
- sich der Wohnung bis auf eine bestimmte Entfernung zu nähern,
- sich an Stellen aufzuhalten, an denen die betroffene Frau regelmäßig ist, z. B. ihr Arbeitsplatz, der Kindergarten oder die Schule, die Bushaltestelle, aber auch Freizeiteinrichtungen wie Sportverein oder Fitness-Studio oder Orte, an denen eine ehrenamtliche Tätigkeit des Opfers stattfindet,
- dem Opfer Briefe, Faxe, E-Mails oder SMS zu schicken oder anzurufen.

Schutzanordnungen werden für den Einzelfall individuell formuliert und an die jeweilige Situation angepasst. Sie stellen Regeln auf, um die bedrohte oder gefährdete Person so weit wie möglich zu schützen. Wenn eine Frau einen Antrag nach dem Gewaltschutzgesetz stellt, ist es deshalb wichtig, dass sie genau überlegt, wo sie Schutz braucht, und diese Einzelheiten beim Gericht bzw. beim Anwalt genau benennt. Auch Schutzanordnungen werden vom Gericht in der Regel mit einer Frist versehen, auch hier kann eine Verlängerung beantragt werden. Außerdem kann die Antragstellerin jederzeit beantragen, die Schutzanordnungen zu ändern oder aufzuheben.

Ganz wichtig ist: Wer gegen diese Anordnungen verstößt, begeht eine Straftat. Wenn z. B. der Täter gegen den Willen der Frau versucht, die Wohnung zu betreten, kann die Polizei gerufen werden und das Eindringen wird strafrechtlich verfolgt.

Alkohol ist kein »mildernder Umstand« und keine Entschuldigung, wenn es zu häuslicher Gewalt gekommen ist. Der Täter kann sich nicht damit herausreden, er sei »unzurechnungsfähig« gewesen, weil er die Tat oder die Drohung unter Alkoholeinfluss begangen hat.

Er ist in jedem Fall verantwortlich – Schutzanordnungen werden auch dann erteilt, wenn der Täter während der Tat alkoholisiert war.

Was passiert bei Gericht?

Zuständig für häusliche Gewalt ist das *Amtsgericht*. Falls das Opfer und der Täter zusammenleben oder innerhalb der vergangenen sechs Monate zusammengelebt haben, geht der Fall zum Familiengericht (das ist eine Abteilung des Amtsgerichts). Ansonsten ist das Zivilgericht/allgemeine Prozessgericht (ebenfalls eine Abteilung des Amtsgerichts) zuständig. Jede Betroffene kann selbst zur *Rechtsantragsstelle* des Gerichts gehen und dort einen Antrag nach dem Gewaltschutzgesetz stellen. Das ist der schnellste und einfachste Weg. Die Mitarbeiter in der Rechtsantragsstelle können Sie beraten, welche Angaben im Antrag enthalten sein müssen, und nehmen Ihren Antrag auf. Sie können aber auch selbst einen Antrag an das Gericht schicken. Das Gericht braucht den Antrag und die Anlagen (z. B. ein Polizeibericht oder ein ärztliches Attest) dreifach – Muster dafür bekommen Sie bei vielen Frauenberatungsstellen und beim Bundesfamilienministerium (Adresse s. Anhang). Sie können aber auch einen Rechtsanwalt oder eine Rechtsanwältin beauftragen, den Antrag zu stellen.

Gerichtliche Verfahren dauern manchmal sehr lange. Das ist beim Gewaltschutzgesetz anders. Hier geht es darum, akute Gewalt oder Gefährdungen zu verhindern. Daher können Wohnungszuweisungen und Schutzanordnungen im *Eilverfahren* als *einstweilige Anordnungen* beantragt werden. Das bedeutet, dass das Gericht darauf verzichten kann (aber nicht muss), den Täter (= Antragsgegner) vorzuladen und zu befragen. Im Eilverfahren kann ein Gericht die Wohnungszuweisung oder Schutzanordnung innerhalb weniger Tage, manchmal sogar innerhalb von Stunden treffen. Wenn der Richter die Entscheidung ohne eine Anhörung des Täters getroffen hat, kann dieser Widerspruch einlegen und verlangen, dass eine mündliche Anhörung stattfindet. Dieser Widerspruch hat aber keine »aufschiebende Wirkung«, das bedeutet: Die gerichtliche Anordnung gilt bis zur neuen Entscheidung weiter.

Im Eilverfahren muss das Opfer (= Antragsteller/in) die Gewalt bzw. die Gefahr, die vom Täter ausgeht, nicht beweisen, sondern *glaubhaft machen.* Die Antragstellerin muss das Gericht davon überzeugen, dass die Übergriffe stattgefunden haben – beispielsweise durch eine möglichst klare und detaillierte Schilderung der Tat(en) in Form einer eidesstattlichen Erklärung. Hilfreich sind außerdem ärztliche Atteste oder Polizeiberichte.[42] Auch psychische Gewalt, bei der keine sichtbaren Verletzungen entstanden sind, kann ein Grund sein, das Gewaltschutzgesetzes anzuwenden.

Die Entscheidungen des Gerichts werden mit Hilfe eines Gerichtsvollziehers durchgesetzt (= Vollstreckung). Wenn der Täter den gerichtlichen Anordnungen nicht folgt und die Wohnung nicht freiwillig verlässt oder entgegen einer entsprechenden Schutzanordnung vor dem Haus des Opfers lauert, kann der Gerichtsvollzieher ihn zwingen, die Anordnung zu befolgen – auch mit Hilfe der Polizei. Verstöße gegen Schutzanordnungen sind strafbar. Wenn ein Täter gegen einen gerichtlichen Beschluss verstößt, kann (und sollte!) das Opfer die Polizei informieren.

Wenn die Tat schon längere Zeit zurückliegt und keine akute Gefahr vorliegt, wird die Entscheidung nicht im Eilverfahren getroffen, sondern es findet ein Hauptverfahren statt, d. h. eine Verhandlung vor Gericht. Im Hauptverfahren muss das Opfer beweisen, dass der Täter Gewalt ausgeübt hat. Beweismittel hierfür sind ärztliche Atteste und Polizeiberichte, Zeugenaussagen, Sachverständigengutachten und natürlich alles, was Antragstellerin und Antragsgegner selbst vorbringen.

Checkliste: Wenn Sie einen Antrag nach dem Gewaltschutzgesetz stellen wollen

- Lassen Sie sich von Fachleuten beraten: Frauenberatungsstellen, Frauennotrufe, Frauenhäuser und Opferberatungsstellen informieren Sie über Ihre rechtlichen Möglichkeiten und helfen Ihnen, für Ihre Sicherheit zu sorgen.
- Wenn Sie verletzt worden sind: Gehen Sie zu Ihrem Arzt / Ihrer Ärztin oder in die Ambulanz eines Krankenhauses, berichten Sie dort.

was Ihnen passiert ist und lassen Sie sich Ihre Verletzungen bescheinigen (Attest).
- Schreiben Sie die Gewaltvorfälle auf: Notieren Sie die Daten und was Ihr Partner jeweils getan hat. (z. B. die letzten drei Vorfälle und den schwersten). Die Namen von Zeugen sollten Sie ebenfalls auflisten.
- Sammeln Sie alle Beweise (Fotos, Atteste) über Ihre Verletzungen und nehmen Sie sie zur Rechtsantragsstelle oder zum Rechtsanwalt mit.
- Überlegen Sie, welche Schutzmaßnahmen für Sie (und Ihre Kinder) geeignet sind. Wichtige Fragen in diesem Zusammenhang sind z. B.: Wo halten Sie sich häufig auf? Womit hat der Täter gedroht?
- Sie können auch dann einen Antrag auf die Überlassung der Wohnung stellen, wenn Sie zunächst ausgezogen oder ins Frauenhaus geflüchtet sind. Hier gilt eine Frist von drei Monaten. Innerhalb dieser Zeit müssen Sie gegenüber dem Täter schriftlich verlangt haben, dass er Ihnen die Wohnung überlässt – oder Sie stellen stattdessen den Antrag beim Gericht.

Und was ist mit den Kindern?

Im Prinzip haben beide Eltern ein Recht auf den Umgang mit ihren Kindern. Der Vater kann deshalb grundsätzlich weiterhin die Kinder sehen, wenn er das will, auch wenn die Wohnung der Mutter zugewiesen ist oder ihm der Kontakt mit ihr verboten wurde. Wenn Sie allerdings befürchten, dass Ihr Mann bei der Übergabe der Kinder gewalttätig wird, können Sie beim Familiengericht beantragen, dass das Umgangsrecht ausgesetzt wird. Das Gericht kann aber auch einen »betreuten« oder »begleiteten Umgang« anordnen. Das bedeutet, die Treffen des Vaters mit den Kindern finden in Anwesenheit einer Vertrauensperson (z. B. jemand aus der Familie) oder einer Mitarbeiterin des Jugendamtes statt.

Wenn Ihr Partner nicht nur Ihnen gegenüber, sondern auch gegenüber den Kindern gewalttätig war, kann das Gericht nicht nur das Umgangsrecht des Vaters einschränken oder aufheben, sondern ihm sogar das Sorgerecht entziehen. Maßstab für solche Entscheidungen ist das Kindeswohl. Das Gericht wird in solchen Fällen prüfen, ob die Gesundheit oder die Entwicklung der Kinder gefährdet ist, indem es Sie, die Kinder und den Vater befragt, das Jugendamt um eine Stellungnahme bittet oder ein Gutachten bei einem Kinderpsychologen in Auftrag gibt.

Schutz durch die Polizei

Die Polizei ist rund um die Uhr erreichbar und verpflichtet, Opfern von Gewalt zu helfen. Scheuen Sie sich deshalb nicht, unabhängig davon, ob Sie Opfer oder Zeuge sind, in einer akuten Gewaltsituation die Polizei zu rufen. Betroffene können auch jederzeit selbst zur Polizei gehen und dort Anzeige erstatten.

Wenn die Polizei zu einem akuten Fall von häuslicher Gewalt gerufen wird, hat sie das Recht, die Wohnung zu betreten und alle anwesenden Personen zu befragen – auch ohne das Einverständnis des Mieters oder Eigentümers der Wohnung. Die Polizeibeamten werden sich ein Bild von der Situation machen, getrennt mit dem Opfer und dem Täter sprechen, evtl. Zeugen befragen und Beweise sichern, um zu dokumentieren, was passiert ist (das heißt, Fotos machen, Gegenstände sicherstellen, mit denen der Täter Gewalt ausgeübt hat usw.).

Die Polizei kann den Angreifer außerdem sofort aus der Wohnung verweisen und ihm die Schlüssel für die Wohnung abnehmen (= Platzverweis). Weigert er sich zu gehen, können die Polizeibeamten ihn vorübergehend in Gewahrsam nehmen. In vielen Bundesländern hat die Polizei das Recht, einen *Platzverweis* für mehrere Tage oder Wochen auszusprechen. Das geschieht immer dann, wenn die Polizeibeamten überzeugt sind, dass der Täter gefährlich ist und das Risiko besteht, dass er auch weiterhin Gewalt ausüben wird. Ein Platzverweis hängt nicht davon ab, ob das Opfer ihn wünscht oder beantragt. Die Polizei entscheidet selbst, ob sie das für nötig hält, und kann den Täter auch gegen den Willen des Opfers aus der Wohnung weisen. Der Platzverweis soll das Opfer vor weiteren Übergriffen schützen. Damit bekommen die Betroffenen außerdem ein bisschen Zeit, um in Ruhe über ihre Situation nachzudenken, für ihre Sicherheit zu sorgen, eine Beratungsstelle aufzusuchen, einen Umzug vorzubereiten oder ähnliches – ohne dabei durch neue Angriffe bedroht oder gefährdet zu werden. Frauen müssen ihren Partner während der Dauer des Platzverweises nur dann noch einmal in die Wohnung lassen, wenn er dringend etwas braucht (Ausweis, Medikament ...). Das sollte jedoch am besten in Begleitung der Polizei geschehen.

Wenn eine Frau sich trotz des Polizeieinsatzes oder eines Platzverweises nicht mehr sicher fühlt, z. B. weil sie befürchtet, dass der Mann mit Gewalt in die Wohnung eindringt, kann sie ebenfalls die Polizei um Hilfe bitten. Die Polizei stellt Adressen und Telefonnummern der örtlichen Beratungs- und Unterstützungseinrichtungen zur Verfügung und kann dafür sorgen, dass die Frau die Wohnung verlassen und das Frauenhaus oder einen anderen Ort ihrer Wahl aufsuchen kann, ohne dass der Partner sie bedroht. Wenn es nötig ist, sorgen die Beamten auch für ärztliche Hilfe.

> **Für die Polizei ist wichtig zu wissen, was genau passiert ist.**
> - **Versuchen Sie deshalb, das Geschehene möglichst genau wiederzugeben** – auch wenn es Ihnen schwerfällt. Die Polizei braucht diese Informationen, um die Situation und mögliche künftige Gefahren einzuschätzen.
> - **Berichten Sie auch über frühere Taten und Verletzungen durch diesen Täter, wenn es welche gibt.**
> - **Geben Sie den Polizeibeamten Gegenstände, mit denen Sie angegriffen oder verletzt worden sind, und weisen Sie auf Waffen des Täters hin, wenn er welche besitzt.**

Sachbeschädigung, Beleidigung, Bedrohung und Nötigung, Körperverletzung, Vergewaltigung oder Freiheitsberaubung sind strafbar – auch in Familien und Partnerschaften. Deshalb erstattet die Polizei bei häuslicher Gewalt von sich aus eine Straf*anzeige* und leitet damit ein Ermittlungsverfahren bei der Staatsanwaltschaft ein. Das Opfer kann zusätzlich einen Straf*antrag* stellen und damit signalisieren, dass es auch selbst an einer Strafverfolgung interessiert ist. Die Strafverfolgungsbehörden (= Polizei und Staatsanwaltschaft) sind verpflichtet, jeder Anzeige nachzugehen und zu prüfen, ob ein Verfahren eingeleitet werden muss.

Ausnahme: Es gibt einige Delikte (z. B. Beleidigung, Hausfriedensbruch), bei denen die Strafverfolgung davon abhängig ist, dass die verletzte Person einen Strafantrag stellt.

Fragen und Antworten zum polizeilichen Platzverweis

Ich habe trotz des Platzverweises Angst vor dem Täter. Was kann ich tun?

Sie sollten mit der Polizei und/oder mit einer Beratungsstelle über Ihre Befürchtungen sprechen – möglicherweise gibt es Einiges, das Sie für Ihre Sicherheit und gegen die Angst unternehmen können (Sicherung der Wohnungstür, Information der Nachbarn oder Angehörigen). Und natürlich können Sie auch dann in ein Frauenhaus oder in eine Schutzwohnung ziehen, wenn die Polizei einen Platzverweis ausgesprochen hat.

Kann ich beantragen, dass der Platzverweis beendet wird, wenn ich mich mit meinem Partner versöhnt habe?

Nein, das geht nicht. Der Platzverweis hängt nicht vom Antrag der verletzten oder geschädigten Person ab, sondern von der Einschätzung der Polizeibeamten. Die Polizei hebt einen Platzverweis nur dann auf, wenn sie sicher ist, dass keine Gefahr mehr besteht. Dabei ist die Meinung des Opfers durchaus von Bedeutung. Trotzdem kann die Polizei das Gefahrenpotenzial anders einschätzen und beim Platzverweis bleiben.

Was kann ich machen, wenn der Täter zurückkommt?

Dann sollten Sie sofort die Polizei rufen. Wenn der Täter ins Haus oder in die Wohnung zurückkehrt, verstößt er gegen den Platzverweis, deshalb wird die Polizei ihn erneut wegschicken oder ihn möglicherweise in Gewahrsam nehmen.

Kann ein Platzverweis für mehrere Wochen oder Monate angeordnet werden?

Nein, denn der Platzverweis ist nur eine vorübergehende Maßnahme, um eine akute Gefahr abzuwenden. Für länger andauernde Schutzmaßnahmen gibt es das Gewaltschutzgesetz – dafür müssen Sie einen Antrag beim Gericht stellen.

Der Ablauf des Strafverfahrens

Ein Strafverfahren beginnt in der Regel mit einer Strafanzeige. Aufgrund der Anzeige prüft die Polizei, ob tatsächlich eine Straftat vorliegt. Sie leitet ein *Ermittlungsverfahren* ein, für das sie das Opfer und die Zeugen vernimmt und zusätzliche Beweise sammelt. Ihre Ermittlungsergebnisse übergibt die Polizei an die Staatsanwaltschaft. Wenn genug Indizien und Beweise vorliegen und sich ein hinreichender Tatverdacht ergibt, erhebt die Staatsanwaltschaft Anklage. Wenn der Verdacht sich nicht erhärten lässt (z. B. weil es keine ausreichenden Beweise gibt), wird das Verfahren eingestellt.

Aufgrund der Anklage eröffnet das Gericht das so genannte Hauptverfahren. Dabei gibt es grundsätzlich zwei Möglichkeiten: Wenn die Staatsanwaltschaft es beantragt, kann das Gericht den Täter in einem schriftlichen Verfahren ohne Gerichtsverhandlung zu einer Geldstrafe oder einer Bewährungsstrafe verurteilen (= Strafbefehl). Wenn der Täter den Strafbefehl akzeptiert, ist das Verfahren beendet und der Täter verurteilt. Das Opfer wird darüber nur dann informiert, wenn es einen entsprechenden Antrag gestellt hat.

Eine *Gerichtsverhandlung* ist die andere Möglichkeit des Hauptverfahrens. Die Verhandlung ist in der Regel öffentlich. Das Gericht kann allerdings die Öffentlichkeit vorübergehend ausschließen, wenn das Opfer während seiner Vernehmung besonders belastende oder intime Details einer Tat schildern muss. Der Angeklagte kann ebenfalls zeitweise ausgeschlossen werden, wenn es der verletzten Person nicht zuzumuten ist, in seiner Gegenwart auszusagen. Außerdem kann die betroffene Frau beantragen, dass eine Vertrauensperson, eine Freundin, ein Angehöriger oder eine Beraterin sie in die Gerichtsverhandlung begleitet. An einigen Orten in der Bundesrepublik gibt es neuerdings *sozialpädagogische Prozessbegleiter/innen*.

Sie stehen den Opfern von Gewalt vor, während und nach einem Strafprozess zur Seite, informieren sie über ihre Rechte und die Abläufe des Verfahrens.[43]

Opfer von Straftaten sind in jedem Fall selbst wichtige Zeugen im Strafverfahren. Wenn es in dem Verfahren um Sexualdelikte, Körperverletzung oder gar eine versuchte Tötung geht, haben sie zusätzlich das Recht, *Nebenklage* zu erheben. Weil hierfür juristische Fachkenntnisse nötig sind, ist es sinnvoll, einen Anwalt bzw. eine Anwältin mit der Nebenklage zu beauftragen. Die Nebenklage gibt dem Opfer die Möglichkeit, den Ablauf des Prozesses zu beeinflussen. Nebenklägerinnen haben das Recht, die Akten einzusehen, sie können während der Verhandlung den Angeklagten und die Zeugen befragen, sie dürfen eigene Anträge stellen (z. B. auf Ausschluss der Öffentlichkeit) und haben das Recht, einen Richter oder einen Sachverständigen abzulehnen. Außerdem können Nebenklägerinnen – anders als reine Zeuginnen – Berufung gegen das Urteil einlegen, falls der Angeklagte freigesprochen wird.

Im Rahmen eines Strafverfahrens können die Opfer außerdem *Schadensersatz* und *Schmerzensgeld* einklagen. Da es sich dabei aber nicht um strafrechtlich, sondern um zivilrechtliche Ansprüche handelt, kann man beides nach dem Ende des Strafverfahrens auch beim Zivilgericht beantragen. Das Verfahren an den Strafprozess anzuhängen hat jedoch den Vorteil, dass betroffene Frauen nur ein einziges Verfahren hinter sich bringen müssen.

Fragen und Antworten zum Strafverfahren

Muss das Opfer zur Vernehmung bei der Staatsanwaltschaft erscheinen?
Grundsätzlich ja. Wenn Sie zu dem Termin verhindert sind, können Sie einen anderen Termin vereinbaren. Wenn Sie unentschuldigt wegbleiben, können Sie mit einem Ordnungsgeld belegt werden. Wenn Sie sich unsicher fühlen, können Sie darum bitten, dass eine Person Ihres Vertrauens als Begleitung mitkommt. Die Aussage des Opfers ist in Verfahren wegen häuslicher Gewalt sehr wichtig, weil es häufig keine Zeugen und nur wenige andere Beweismittel gibt.

Muss das Opfer die Fragen der Staatsanwaltschaft und des Gerichts beantworten?
Grundsätzlich sind Zeugen einer Straftat, also auch die Opfer, zu einer Aussage verpflichtet. Ehepartnerinnen (außerdem Verwandte, Verlobte oder Partner/innen in einer eingetragenen Partnerschaft) haben jedoch ein Zeugnisverweigerungsrecht. Sie müssen zwar zu den Terminen erscheinen, brauchen aber keine Aussage zu machen. Vom Zeugnisverweigerungsrecht können Opfer in jeder Phase des Verfahrens Gebrauch machen – also auch dann, wenn sie zu einem früheren Zeitpunkt schon einmal ausgesagt haben. Wenn das Opfer die Aussage verweigert, kann es passieren, dass die Staatsanwaltschaft das Verfahren einstellt – wenn sich das Opfer später doch dazu entscheidet auszusagen, kann das Verfahren aber wieder aufgenommen werden. Falls genügend andere Beweise vorliegen, kann der Täter auch ohne die Aussage des Opfers angeklagt und verurteilt werden.

Wann kann das Opfer sich einen Anwalt/eine Anwältin nehmen?
Als Geschädigte können Sie sich in einem Strafverfahren jederzeit anwaltlich beraten und vertreten lassen. Ihr Anwalt hat das Recht, Akten und Beweisstücke zu sichten, er kann außerdem bei Ihrer Vernehmung durch die Staatsanwaltschaft oder das Gericht dabei sein und Sie unterstützen. Unter bestimmten Voraussetzungen, z. B. bei schweren Sexualdelikten, ordnet das Gericht Ihnen für die Vernehmung einen Anwalt bei – Kosten entstehen durch die Beiordnung nicht.

Wer trägt die Kosten?

Wenn Sie nur ein geringes eigenes Einkommen haben, können Sie *Beratungshilfe* und *Prozesskostenhilfe* in Anspruch nehmen. Beratungshilfe bezieht sich auf die Kosten für eine anwaltliche Beratung, z. B. wenn Sie einen Antrag nach dem Gewaltschutzgesetz stellen wollen. Prozesskostenhilfe bezieht sich auf die Gerichtskosten und die Anwaltsgebühren für ein gerichtliches Verfahren. Die Höhe der Prozesskostenhilfe richtet sich nach den Einkommensverhältnissen, d. h. die Kosten werden entweder ganz oder teilweise vom Staat übernommen. Anträge auf Beratungshilfe und Prozesskostenhilfe können Sie auf jeden Fall bei der Rechtsantragsstelle des Amtsgerichts stellen. Sie können aber auch Ihren Anwalt bitten, die Hilfen zu beantragen.

Das Geheimnis lüften – auch wenn es schwerfällt

Vielen Frauen ist es unangenehm und peinlich, über die Gewalttätigkeiten ihres Mannes, Partners oder Geliebten zu sprechen. Das ist einerseits verständlich, andererseits aber auch problematisch: Denn die Gewalt zu verschweigen hilft dem Täter und schadet dadurch dem Opfer. Der Täter kann durch die Geheimhaltung gefahrlos weitermachen und das Opfer zunehmend isolieren. Das Geheimnis zu lüften bedeutet dagegen normalerweise mehr Schutz für das Opfer.

> ### Sich Unterstützung suchen
>
> Jemand, der über die Gewalt Bescheid weiß, ist gleichzeitig in der Lage, auf Sie zu achten. Überlegen Sie, wen Sie einweihen können. Vielleicht gibt es eine Freundin, eine Kollegin oder jemanden in Ihrer Familie, dem Sie sich anvertrauen wollen. Auch wenn es Ihnen schwerfällt, darüber zu reden – ein Gespräch mit einem verständnisvollen Menschen kann erleichternd und entlastend sein. Außerdem vergrößert es Ihre Sicherheit, wenn jemand Ihre Situation kennt und Sie im Blick behält oder wenn es jemanden gibt, bei dem Sie oder Ihre Kinder Schutz finden können, wenn die Situation zu Hause eskaliert.
> Vielleicht gibt es in Ihrer Familie oder in Ihrem Freundeskreis eine Person, die den Täter zur Rede stellen will. Dann sollten Sie sich überlegen, wie *Sie* die Folgen einschätzen: Manche Täter scheuen vor weiteren Übergriffen zurück, wenn sie auf ihr Verhalten angesprochen werden. Es ist aber auch möglich, dass die Situation sich zuspitzt, wenn der Misshandler sich ertappt sieht. Sie kennen Ihre Situation und Ihren Partner am besten und können deshalb besser als jeder andere

Mensch einschätzen, welche Folgen ein solches Eingreifen hätte. Letztlich müssen *Sie* also entscheiden, ob und wann es sinnvoll ist, den Täter mit der Tat zu konfrontieren.

Von Gewalt betroffene Frauen haben verschiedene Gründe, ihre Situation zu verschweigen: Manchmal ist es die Angst vor dem Gerede der Freunde und Nachbarn: Sie wollen ihren Mann nicht bloßstellen und blamieren. Manchmal ist es die Hoffnung, dass der Partner nur eine »schwierige Zeit« hat und bald mit den Übergriffen aufhört. Manchmal ist es die Furcht, dass ihnen niemand glauben oder helfen wird. Der Täter hat möglicherweise gedroht, alles abzustreiten und die Frau als Lügnerin darzustellen. Und manchmal ist es das Gefühl, vollkommen isoliert zu sein, weil der Mann jeden Schritt seiner Frau überwacht und sie keine Gelegenheit hat, jemanden unter vier Augen zu treffen.

In solchen Situationen ist es wichtig und richtig, sich professionelle Hilfe zu holen. Betroffene Frauen können sich z. B. an ihren Arzt oder ihre Ärztin wenden – eine gut informierte Arztpraxis kennt spezialisierte Beratungsstellen vor Ort und kann vielleicht sogar dort einen Termin vereinbaren. Frauen können sich aber auch von sich aus jederzeit an eine Beratungsstelle wenden. Die Mitarbeiterinnen und Mitarbeiter in Frauen-, Gewalt- und Opferberatungsstellen sind geschulte und professionelle Gesprächspartner/innen. Sie können helfen, die jeweilige Situation in Ruhe zu überdenken und zu überlegen, wie es weitergehen soll. Darüber hinaus gibt es im Alltag einige Dinge, die zum Schutz und zur Sicherheit beitragen.

Checkliste: Was Sie für Ihren Schutz und Ihre Sicherheit tun können

- Pflegen Sie Kontakte zu Nachbarn, Verwandten, Freund/innen, Kolleg/innen, Eltern der Mitschüler/innen Ihrer Kinder – lassen Sie sich nicht isolieren!
- Tragen Sie die Telefonnummern von Institutionen und Personen bei

sich, bei denen Sie Hilfe bekommen können (Freundin, Nachbarin, Polizei, Beratungsstelle, Frauennotruf ...) – am besten lernen Sie sie auswendig oder speichern sie in Ihrem Handy.

- Überlegen Sie, welches der sicherste Ort in Ihrer Wohnung ist: ein abschließbares Zimmer, ein Raum ohne Gegenstände, die als Waffen benutzt werden können (also nicht die Küche!), oder der Ort, von dem Sie am leichtesten entkommen können.
- Stellen Sie eine Tasche oder einen Koffer mit wichtigen Unterlagen und Kleidung (für Sie und Ihre Kinder) bei einer Vertrauensperson unter.
- Verabreden Sie mit einer Nachbarin oder Freund/innen, dass sie in regelmäßigen Abständen anrufen oder vorbeikommen. Machen Sie mit ihnen einen Plan, was Sie im Notfall tun wollen, und verabreden Sie ein Zeichen für den Fall, dass Sie Hilfe brauchen.
- Wenn Sie (größere) Kinder haben: Besprechen Sie mit Ihren Kindern, dass sie sich auf jeden Fall aus Auseinandersetzungen zwischen Ihnen und Ihrem Mann heraushalten sollen – Sie können auch ein Codewort verabreden, das den Kindern signalisiert, dass sie die Wohnung verlassen, Hilfe holen oder die Polizei anrufen sollen.

Professionelle Unterstützung: Wer hilft wie?

Wer Gewalt in der Beziehung erlebt, fühlt sich oft sehr allein. Vielleicht hat der misshandelnde Partner mit seinem Verhalten systematisch daran gearbeitet, seine Frau ihren Freunden und Verwandten zu entfremden. Möglicherweise hat die betroffene Frau sich auch von anderen Menschen zurückgezogen, weil sie angesichts des Stresses keine Kraft und keine Gelegenheit hatte, sich um freundschaftliche und familiäre Beziehungen zu kümmern. Nicht nur, aber auch deshalb ist sinnvoll, sich statt freundschaftlicher Unterstützung oder zusätzlich dazu professionelle Begleitung zu suchen.

- »Und da kann man ja jetzt nicht einfach eine Freundin anrufen und sagen, hör mal, der ist ausgerastet.«
- »Im Grunde waren es nur Gespräche. Ich hatte hinterher eine eigene

Wohnung. Ich habe danach selber einen Job gefunden. Ich habe das alles allein gemacht. Aber ich wusste, da ist eine Person, die steht hinter mir. Die gibt mir die Kraft, die mir fehlt. Und ich habe erst ein halbes Jahr danach mit dem Typen Schluss gemacht. Aber dieses halbe Jahr habe ich für mich gebraucht, um die Kraft zu kriegen. Und dann habe ich losgelegt. Ohne die Beratungsstelle hätte ich das nicht geschafft, das steht fest!«[44]

Wann ist Unterstützung wichtig?

Die Informationen in diesem Abschnitt können die eigene Suche nach einem passenden Angebot nicht ersetzen. Sie sollen Ihnen aber helfen, die unterschiedlichen Informations-, Beratungs- und Unterstützungseinrichtungen zu überblicken, vor Ort besser nach den vorhandenen Stellen suchen und die richtigen Fragen stellen zu können.

Zum Beispiel in Situationen wie diesen:

- Ihr Mann hat Sie geschlagen, wird immer aggressiver und Sie fürchten, dass die Situation bald außer Kontrolle geraten könnte.
- Ihre Nachbarn haben die Polizei gerufen, weil Ihr Mann Sie attackiert hat. Er hat einen Platzverweis bekommen und Sie wissen nicht, was Sie jetzt tun sollen.
- Sie fühlen sich in Ihrer Beziehung sehr unwohl, weil Ihr Partner Sie ständig einschüchtert, öffentlich lächerlich macht oder demütigt.
- Sie haben Ihren Partner wegen seiner ständigen Übergriffe (vorübergehend) verlassen und wissen nicht, ob Sie die Beziehung weiterführen oder beenden sollen.

In Gewaltsituationen gibt es etliche Probleme oder Fragen, bei denen man einen professionellen Rat brauchen kann. Trotzdem haben viele Menschen Bedenken, sich an eine Beratungsstelle zu wenden. Sie zögern aus dem Gefühl heraus, dass sie ihre Probleme eigentlich selbst lösen müssten und weil sie es für eine Art Schwäche oder Versagen halten, ihre Lage nicht allein bewältigen zu können. Manche schrecken auch davor zurück, weil sie nicht wissen, was sie von Beraterinnen und Beratern erwarten und was sie ihnen zutrauen können.

Was ist Beratung?

Wenn Sie Zweifel haben, ob eine Beratung das Richtige für Sie ist, hilft es Ihnen möglicherweise, wenn Sie sich klar machen: »Beratung«, bedeutet zunächst Information und Orientierung. Die können Sie durch ein einmaliges (Telefon-)Gespräch oder durch mehrere persönliche Gespräche bekommen, je nachdem, wie es Ihren Bedürfnissen entspricht. Beraterinnen (oder Berater, wenn es sich nicht um eine Frauenberatungsstelle handelt) nehmen Sie nicht ins Kreuzverhör, sondern werden Ihnen Unterstützung anbieten. Das Ziel einer Beratung ist nicht, Ihr Innerstes nach außen zu kehren, sondern herauszufinden, was Sie entlasten und stabilisieren kann. Für manche Frauen ist es das Wichtigste, sich auszusprechen und mit einer »neutralen« Person zu reden. Beratung kann Sie aber auch stärken und begleiten, wenn Sie weitreichende Entscheidungen für Ihr weiteres Leben treffen. Was Inhalt und Ziel der Beratung ist, entscheidet nicht der oder die Berater/in, sondern Sie.

Beratung ist immer sinnvoll, wenn sich die Probleme so verdichtet verknotet haben, dass man sie selbst für unlösbar hält. Das passiert bei Gewalt in Partnerschaften sehr oft, weil Angst und Schuldgefühle, Verantwortung für den Partner, die Kinder, die Familie einerseits und der Wunsch nach einem gewaltfreien Leben andererseits absolut widersprüchlich zu sein scheinen. Auch wenn Ihre Situation einzigartig und speziell ist: Frauen- und Gewaltberatungsstellen sind mit der Dynamik und den Mechanismen von Gewalt in Beziehungen vertraut und können Ihnen deshalb helfen, Ihre Lage zu entwirren und zu überblicken. Beratung bedeutet: Alle Möglichkeiten durchgehen, Entscheidungsspielräume herausfinden, gezielte Informationen bekommen. Wer sich nicht von Angst lähmen lässt, sondern den Überblick gewinnt, wird handlungs- und entscheidungsfähig – insofern ist eine Beratung in vielen Fällen auch gut für das Selbstwertgefühl und das Selbstbewusstsein.

Frauenhaus

Frauenhäuser sind die richtige Adresse, wenn eine Frau sich in ihrer Wohnung nicht sicher fühlt und nicht bei vertrauten Menschen aus der Familie oder dem Freundeskreis unterkommen kann oder will; aber auch, wenn die Polizei den Partner aus der Wohnung verwiesen hat und die Frau befürchtet, dass er sie dennoch weiter bedrohen wird. Frauenhäuser (an einigen Orten heißen sie Frauenschutzhäuser, Frauen- und Kinderschutzhäuser oder Zufluchtswohnungen) sind Schutz- und Zufluchtsorte. Sie sind rund um die Uhr erreichbar. Wer akut bedroht ist und schnell eine Unterkunft braucht, kann dort Tag und Nacht anrufen und sofort ein Zimmer bekommen. Die Adressen von Frauenhäusern sind aus Sicherheitsgründen geheim. Deshalb verabreden die Mitarbeiterinnen normalerweise telefonisch einen Treffpunkt und bringen die Frau von dort aus ins Frauenhaus. Falls gerade kein Platz frei ist, helfen sie bei der Suche nach eine anderen Unterkunft. Männer haben in Frauenhäusern keinen Zutritt.

Frauenhäuser sind keine »Heime« – das bedeutet: Im Frauenhaus gestalten die Frauen ihr Leben und ihren Tagesablauf selbstständig. Sie leben gemeinsam mit ihren Kindern in einem Zimmer oder Appartement und organisieren den Tagesablauf für sich und ihre Kinder in eigener Verantwortung. Auch wenn sie im Frauenhaus wohnen, gehen sie weiterhin zur Arbeit, die Kinder gehen weiterhin zur Schule (es sei denn, dass dadurch ihre Sicherheit gefährdet ist). Alle Frauen sorgen im Frauenhaus für sich selbst. Gleichzeitig sind sie aber Teil einer (Wohn-)Gemeinschaft, die sich gegenseitig unterstützen kann, sowohl in praktischen Alltagsfragen wie Kochen oder Betreuung der Kinder als auch durch emotionalen Beistand, z. B. mit Gesprächen über die Gewalterfahrungen, über Ängste, Hoffnungen und Zukunftsperspektiven.

Im Schutz des Frauenhauses können die Bewohnerinnen Abstand von ihren Gewalterlebnissen gewinnen und zur Ruhe kommen. Die Frauen können so lange bleiben, wie es für ihre Sicherheit erforderlich ist. Es kann einige Tage, aber auch Wochen oder Monate dauern, bis die Gefahr vorüber und die Situation geklärt ist und die Frau in ihre Wohnung zurückkehren will oder eine neue Wohnung gefunden hat.

Während der Zeit im Frauenhaus, aber auch danach, wird sie von ausgebildeten Mitarbeiterinnen, z. B. Sozialarbeiterinnen, Pädagoginnen und Psychologinnen betreut. Die Mitarbeiterinnen beraten und unterstützen bei der Suche nach Perspektiven und helfen bei rechtlichen und finanziellen Fragen. Sie begleiten die Frauen auf Wunsch zu Ämtern und Behörden und können anwaltliche, ärztliche und therapeutische Hilfen vermitteln. Kinder im Frauenhaus werden in aller Regel von geschulten Erzieherinnen betreut.

Wie finde ich ein Frauenhaus in meiner Nähe?

Merkblätter und Informationsflyer mit den Telefonnummern von Frauenhäusern und anderen Unterstützungseinrichtungen bekommen Sie bei der Polizei und in den Büros der kommunalen Gleichstellungsbeauftragten. Darüber hinaus haben viele Tagungszeitungen eine Rubrik mit den Namen und Telefonnummern der örtlichen Hilfeeinrichtungen – und natürlich stehen Frauenhäuser und Beratungsstellen auch im Telefonbuch und im Internet.[45]

Frauenberatungsstellen und Frauennotruftelefone

Wenn eine Frau gerade Gewalt erlebt hat (oder sich bedroht fühlt) und nicht sicher ist, was sie jetzt tun will, kann sie sich an eine Beratungsstelle wenden. Frauenberatungsstellen und Frauennotrufe (in manchen Städten heißen die entsprechenden Einrichtungen »Frauen helfen Frauen«, Frauenkrisentelefon, Frauenzentrum oder Frauengesundheitszentrum) sind Anlauf- und Informationsstellen, die sich auf die Themen Gewalt gegen Frauen, sexueller Missbrauch und sexuelle Gewalt spezialisiert haben. Die Beratung ist kostenlos. Manche Einrichtungen sind rund um die Uhr erreichbar, die meisten aber nur zu bestimmten Sprechzeiten. Beratungsstellen und -telefone bieten Unterstützung in einer akuten Gewaltsituation. Frauen können die Beratung aber auch nutzen, wenn sie über ein weiter zurückliegendes Ereignis sprechen wollen – unabhängig davon, ob der Täter der Partner ist, ein Bekannter oder ein Fremder, und unabhängig davon, ob sie eine Anzeige erstattet haben oder nicht.

Die Beraterinnen helfen den Betroffenen, die Gewalttat zu bewältigen. Außerdem besprechen sie mit den Betroffenen, wie diese sich in Zukunft schützen können, um neue Übergriffe zu vermeiden. Beratungsstellen informieren auch über die möglichen juristischen Schritte nach einer Gewalttat: Die Frauen bekommen Hinweise zum Gewaltschutzgesetz und zu den Möglichkeiten einer Anzeige. Der Ablauf der Verfahren wird erklärt und die Vor- und Nachteile gemeinsam abgewogen. Die Beratung ist auf Wunsch anonym, niemand muss seinen Namen nennen, um beraten zu werden. Die Mitarbeiterinnen unternehmen nichts gegen den Willen der Betroffenen. Diese können sich telefonisch beraten lassen, aber auch im persönlichen Gespräch. Wie lange das dauert und wie oft jemand die Beratung in Anspruch nimmt, hängt von der jeweiligen Situation und den Bedürfnissen ab. Wenn eine Frau juristische Schritte einleiten will, bieten die meisten Frauenberatungsstellen an, sie zur Polizei und zum Gericht zu begleiten. Sie können außerdem den Kontakt zu erfahrenen Ärzten, Therapeutinnen und Anwälten vermitteln.

- »Ich habe lange gebraucht, bis ich den ersten Kontakt zur Beratungsstelle aufgenommen habe, weil ich gedacht habe, die sagen mir: ›Verlass ihn!‹ – Und die Frau hat als erstes gesagt: ›Sie brauchen ihn nicht zu verlassen.‹ Dadurch ist mir so ein Stein vom Herzen gefallen.«
- »Egal, was du machst, egal, welche Entscheidung du triffst. Du kannst immer wieder herkommen. Also auch, wenn du ihm jetzt wieder verzeihst.«[46]

Viele Menschen glauben, dass Frauenhäuser und Frauenberatungsstellen vor allem das Ziel haben, Opfer häuslicher Gewalt dazu zu bewegen, sich vom Täter zu trennen. Das ist ein Missverständnis. Ein wichtiger Grundsatz der Arbeit war und ist es, Frauen »parteilich« zu beraten und zu unterstützen. »Parteilich« ist ein sozialpädagogischer Fachbegriff, der nichts zu tun hat mit »parteiisch sein«. »Parteiisch« zu sein heißt, voreingenommen und nicht offen für alle Seiten zu sein. »Parteilichkeit« dagegen bedeutet, dass die Beraterinnen grundsätzlich solidarisch mit ihren Klientinnen sind und dass sie sich für deren Interessen und Bedürfnisse einsetzen. Parteilichkeit bedeutet aber nicht, Frauen zu beeinflussen und zu bestimmten Entscheidungen zu drängen. Frauenberatungsstellen wollen ihre Klientinnen in die Lage versetzen, sich selbst darüber klar zu werden, was sie tun wollen – auch darüber, ob sie überhaupt etwas unternehmen wollen.

Interventionsstellen gegen häusliche Gewalt

Interventionsstellen sind ein relativ neues Angebot in der »Beratungslandschaft«. Sie richten sich speziell an die Opfer von Gewalt in Partnerschaften. Interventionsstellen sind nach dem Inkrafttreten des Gewaltschutzgesetzes entstanden – allerdings nicht in allen Bundesländern.[47] Wie Frauenhäuser und Frauenberatungsstellen bieten Interventionsstellen Beratung und Hilfe in Gewaltsituationen an. Manche dieser Stellen richten sich im Unterschied zu den frauenspezifischen Einrichtungen auch an Männer, die Opfer von Gewalt in Beziehungen geworden sind.

Ein weiterer Unterschied zu Frauenberatungsstellen ist, dass Interventionsstellen »von sich aus« auf die Opfer zugehen. In der Regel schalten sie sich ein, nachdem die Polizei zu einem Fall von häuslicher Gewalt gerufen wurde. Die Polizei informiert nach ihrem Einsatz die Interventionsstelle. Damit soll sichergestellt werden, dass die Frau so schnell wie möglich Unterstützung bekommt. Mitarbeiterinnen der Interventionsstelle melden sich innerhalb von wenigen Tagen bei den Geschädigten – in der Regel per Telefon, manchmal aber auch mit einem Brief. In einigen Bundesländern informiert die Polizei die Interventionsstelle nur, wenn das Opfer damit einverstanden ist, in anderen wird die Interventionsstelle über jeden Fall in Kenntnis gesetzt. Die Betroffenen können sich aber auch jederzeit selbst mit der Interventionsstelle in Verbindung setzen.

Die Beraterinnen der Interventionsstelle informieren vor allem über das Gewaltschutzgesetz. Sie erklären, wie das Gesetz im konkreten Fall schützen kann, und begleiten die Betroffenen nach Möglichkeit, wenn sie einen Antrag für eine Wohnungszuweisung oder für eine Schutzanordnung stellt. Darüber hinaus helfen Interventionsstellen, die Situation insgesamt zu klären: Mit welchen Mitteln kann die Frau für ihren Schutz und die Sicherheit der Kinder sorgen? Welches Verhalten ist in Gefahrensituationen sinnvoll und welches nicht? Welche finanziellen, psychosozialen oder therapeutischen Unterstützungsmaßnahmen sind erforderlich? Je nachdem, wie die Antworten auf diese und ähnliche Fragen ausfallen, vermitteln Interventionsstellen den Kontakt zu weiteren Hilfeeinrichtungen.

Schweigepflicht

Wenn persönliche Erfahrungen, belastende Erlebnisse und komplizierte Lebenssituationen besprochen werden, muss sich zwischen Ratsuchenden und Berater/innen eine vertrauensvolle Beziehung entwickeln können. Deshalb unterliegen Beraterinnen und Berater der gesetzlichen Pflicht zum Schutz des Privatgeheimnisses ihrer Klientinnen und Klienten. Das heißt, die Gespräche sind vertraulich. Personen außerhalb der Beratungsstelle oder Mitarbeiter/innen anderer Einrichtungen, die ebenfalls mit der betreffenden Problemlage zu tun haben (z. B. die Polizei, das Jugendamt, der Kindergarten oder die Schule), erfahren nur dann persönliche Einzelheiten, wenn die Ratsuchenden ausdrücklich einverstanden sind. Sollten also Gespräche mit anderen Anlaufstellen sinnvoll und erforderlich sein, würde die Beraterin mit der Klientin darüber sprechen und Informationen nur mit ihrem Einverständnis weitergeben.

Therapie

- »... so eine Therapie ist vielleicht sinnvoll, um zu verstehen, warum man das mitgemacht hat ...«
- »... dann sind Gesprächsrunden mit Frauen, die das schon mal oder die das auch erleben, besser, als wenn man allein eine Therapie macht.«[48]

Die Begriffe »Beratung« und »Therapie« werden im allgemeinen Sprachgebrauch manchmal verwechselt – verständlicherweise übrigens, weil die Grenzen tatsächlich fließend sein können. Trotzdem ist es sinnvoll, sich die Unterschiede klar zu machen. *Therapien* behandeln seelische Erkrankungen, sie sind eine Heilbehandlung und werden deshalb unter bestimmten Voraussetzungen von den Krankenkassen bezahlt. *Beratungen* konzentrieren sich im Gegensatz dazu auf »soziale Probleme« wie Konflikte in der Partnerschaft oder Erziehungsprobleme. Wenn eine Beratung sich über einen längeren Zeitraum erstreckt und sich intensiv mit seelischen Problemlagen auseinandersetzt, kann sie durchaus ähnlich wie eine Therapie heilsam wirken. Das eigentliche Ziel einer Beratung aber bleibt, die »äußere« Lebenssituation mit zu besprechen und Wege aufzuzeigen, wie Betroffene sich Hilfe holen können, um diese Bedingungen so zu ordnen und zu gestalten, dass die Frauen und ihre Kinder keinen Schaden erleiden. Eine Therapie kümmert sich um die Verletzungen, die – in diesem Fall – Gewalt an Körper und Seele angerichtet hat.

Seelische Krankheitssymptome wie Depressionen, tief sitzende Ängste, Suchtverhalten oder posttraumatische Belastungen sind keinesfalls immer die Folge, wenn Menschen Gewalt erlebt haben. Aber es ist auch nicht ausgeschlossen, dass Gewalt gravierende seelische Störungen bewirkt. Sie können Hinweise darauf sein, dass ein Opfer sich auch nach dem Ende der Gewalt nicht ohne weiteres von der Erfahrung distanzieren und erholen kann. Eine Psychotherapie kann dabei helfen.

Wie finde ich die richtige Therapie?

Für Laien ist es nicht einfach, angesichts der Vielzahl der therapeutischen Angebote herauszufinden, welche Therapieform und welche/r Therapeut/in für sie richtig sind. Es gibt Ärzte, Psychologinnen, Psychiater, aber auch Pädagoginnen, Seelsorger und Heilpraktikerinnen, die Psychotherapie anbieten. Außerdem gibt es etliche therapeutische Methoden: Psychoanalyse, Verhaltenstherapie und Gesprächstherapie sind die bekanntesten. Die gesetzlichen Krankenkassen bezahlen nur »anerkannte« Verfahren bei psychologischen oder ärztlichen Psychotherapeuten. Private Krankenkassen haben manchmal andere Regelungen – diese sollten Sie ggf. erfragen. Ihr Arzt oder Ihre Ärztin und vor allem Beratungsstellen können Ihnen helfen, sich zwischen den Angeboten zurechtzufinden. Außerdem ist es üblich, vor dem eigentlichen Beginn einer Psychotherapie ein Erstgespräch und einige Probesitzungen zu machen. Diese Möglichkeit sollten Sie nutzen, denn dabei können Sie herausfinden, ob Sie zu dem Therapeuten / der Therapeutin ein Vertrauensverhältnis aufbauen können. Dies ist das wichtigste Kriterium für Ihre Entscheidung.

Hinsehen und helfen: »Ich wünsche mir Leute, die auf einen zugehen«

Dass jede vierte Frau einmal im Leben Opfer von Gewalt in ihrer Partnerschaft wird, bedeutet: Auch Menschen, die selbst keine Gewaltopfer sind, kennen wahrscheinlich eines – sie wissen es nur nicht unbedingt. Denn erstens achten die Frauen normalerweise sorgfältig darauf, dass niemand ihnen anmerkt, was zu Hause passiert. Und zweitens fällt es den meisten Menschen nicht leicht, die Anzeichen zu erkennen und richtig zu deuten – vorausgesetzt, es gibt überhaupt sichtbare Anzeichen.

»Hinsehen« ist nicht so einfach, wie es klingt: Auch wenn sie im Prinzip über das Thema Bescheid wissen, auch wenn ihnen klar ist, dass Gewalt in Beziehungen Frauen in jedem Alter und aus allen sozialen Schichten treffen kann, auch wenn sie die statistische Häufigkeit kennen – den meisten Menschen ist häusliche Gewalt noch nicht hautnah begegnet. Immer wieder sind sie fassungslos, wenn sie begreifen, dass es »vor ihren Augen« passiert ist – und sie nichts gemerkt haben. Niemals hätten sie gedacht, dass die hilfsbereite Kollegin von ihrem Lebensgefährten schikaniert wird, dass die zurückhaltende Nachbarin von ihrem Mann ständig gedemütigt und eingesperrt wird oder dass die Freundin aus dem Tennisclub von ihrem Freund verprügelt wird.

Möglicherweise fragen sie sich, nachdem sie von einem Fall erfahren haben, ob sie nicht doch etwas hätten merken können. Und dann erst fällt ihnen ein, dass ihnen gelegentlich dieses oder jenes merkwürdig vorkam. Wieso war die Kollegin so oft krank? Haben sie nicht manchmal das Gebrüll des Nachbarn gehört, es peinlich gefunden und versucht, nicht darauf zu achten? Ist ihnen vielleicht aufgefallen, dass die Freundin immer langärmelige Blusen trug – und dass sie praktisch kein Wort gesagt hat, wenn ihr Mann dabei war?

Während die nahe stehenden Menschen sich fragen, ob das, was sie gesehen, gehört und gespürt haben, Warnsignale waren und ob sie nicht doch etwas hätten tun können, tauchen zusätzlich neue Gedanken auf, zum Beispiel: Für häufige Krankmeldungen einer Kollegin, Gebrüll in der Nachbarwohnung und das zurückhaltende Benehmen der Freundin gibt es schließlich auch harmlose Erklärungen – muss man immer gleich das Schlimmste annehmen? Und wenn man tatsächlich etwas gesagt hätte und sich dann herausgestellt hätte, dass der Verdacht gar nicht stimmt – wie stünde man dann da? Wäre das nicht das Ende jeder Freundschaft, jeder kollegialen oder nachbarschaftlichen Beziehung? Außerdem: ist es überhaupt richtig und angemessen, mit der Tür ins Haus zu fallen und die Frau einfach anzusprechen – das ist ja auch irgendwie peinlich für sie, oder? Wie gut muss man jemanden kennen, um so ein heikles Thema in Angriff zu nehmen?

Das sind berechtigte Fragen: Soll man jemanden ansprechen, wenn man vermutet, dass es ein Problem gibt, oder sollte man lieber warten, bis die Frau von selbst auf einen zukommt? Und wenn man tatsächlich auf jemanden zugeht – wie sollte man sich dann verhalten? Was kann man dabei falsch machen – und wie macht man es richtig? Wenn man Gewaltopfern diese und ähnliche Fragen stellt, bekommt man in der Regel zwei relativ klare Antworten – und die sind ermutigend. Erstens: Freunde, Familienmitglieder oder Kollegen sind oft die ersten, die von der Zwangslage einer misshandelten Frau erfahren. Viele der betroffenen Frauen sprechen irgendwann mit einer Vertrauensperson aus ihrem Umfeld.[49] Diese Außenstehenden geben oft den entscheidenden Anstoß für Veränderungen. Sie zeigen den Frauen, dass sie nicht allein sind und dass es Auswege aus ihrer Situation gibt. Die zweite Erkenntnis aus Opferbefragungen lautet: Die meisten Betroffenen schätzen es im Grunde sehr, wenn sie angesprochen werden. Sie wünschen sich, dass jemand auf sie zugeht – auch wenn sie es selbst nicht schaffen, das Schweigen zu brechen, und auch dann, wenn sie auf den Gesprächsversuch zunächst zurückhaltend und vorsichtig reagieren. Dieser offensichtliche Widerspruch erklärt sich damit, dass betroffene Frauen widerstreitende Gefühle ausbalancieren müssen, wenn ihre Situation zur Sprache kommt: die Scham über das, was ihnen passiert, die Angst, dass eine Aufdeckung ihre Situation verschlimmern könnte, und das Bedürfnis nach einer Entlastung und Hilfe. Außerdem kann das Selbstwertgefühl durch eine lang andauernde Misshandlungssituation so stark in Mitleidenschaft gezogen sein, dass die Frau sich einfach nicht mehr traut, auf andere Menschen zuzugehen.

Auf jeden Fall können Verwandte, Freunde oder andere Vertrauenspersonen entscheidend zur inneren und äußeren Stabilisierung beitragen. Jeder Mensch, der über die Gewalt Bescheid weiß und mit dem das Opfer offen darüber reden kann, vermittelt ihm das Gefühl, mit der Situation nicht völlig allein zu sein. Einen Ansprechpartner, eine Ansprechpartnerin zu haben bedeutet Halt und Ermutigung. Eine informierte Freundin oder eine verständnisvolle Kollegin kann ein »Ruhepol« sein und in praktischen Fragen des Alltags Unterstützung geben.

»Und da habe ich meine Freundin geschnappt und gesagt, du musst mich da hinbringen. Ich kann nicht allein hingehen, das schaffe ich nicht. Da hat sie mich wirklich buchstäblich an die Hand genommen.«[50]

Freunde und Freundinnen geben emotionalen Rückhalt, indem sie »einfach da« sind, wenn sie gebraucht werden. Man bzw. frau kann ihnen das Herz ausschütten und sich aussprechen – das allein kann schon stützen und entlasten. Freunde und Familienangehörige spielen darüber hinaus eine wichtige Rolle als »Wegweiser« zu professionellen Unterstützungsangeboten. Einerseits fungieren sie dabei als Ratgeber. Sie überlegen mit der Frau, wie sie vorgehen kann, um ihre Situation zu verändern: Soll sie die Polizei einschalten oder eine Beratungsstelle aufsuchen? Soll sie eine Wohnungszuweisung beantragen oder ins Frauenhaus gehen? Vertrauenspersonen können zusätzlich die Orientierung erleichtern, indem sie recherchieren, welche Hilfeangebote vor Ort existieren, deren Informationsbroschüren besorgen oder bei Beratungsstellen anrufen und sich dort über die Beratungs- und Handlungsmöglichkeiten informieren oder einfach nur die Sprechzeiten oder Öffnungszeiten herausfinden. Freundinnen und Freunden können auch helfen, indem sie zu den professionellen Einrichtungen mitgehen. Das ist keineswegs immer notwendig. Aber für Frauen, die ihre Rechte und das Beratungsangebot nicht kennen, die Ängste oder Vorbehalte dagegen haben oder denen einfach die Kraft fehlt, sich auf diesen Weg zu machen, können solche Freundschaftsdienste eine große Entlastung sein.

Was tatsächlich hilft und entlastet, hängt letztlich von der Situation der misshandelten Frau und ihrem Verhältnis zur »Helferin« bzw. zum »Helfer« ab. Entscheidend ist, dass Freunde und Angehörige nichts unternehmen, womit die Frau nicht einverstanden ist – unabhängig davon, ob sie diese Entscheidungen nachvollziehen können oder nicht.

Helfen braucht Geduld

Gewalt in Beziehungen ist eine komplizierte Angelegenheit – das bekommen Sie vielleicht auch zu spüren, wenn Sie helfen wollen. Vielleicht haben Sie das schon erlebt:

- Sie haben jemandem Ihre Unterstützung angeboten, aber das Angebot wurde nicht angenommen. Sie haben Anzeichen für Gewalt gesehen – aber Ihre Freundin oder Ihre Kollegin bestreitet, dass sie Probleme hat.
- Sie haben sich für eine misshandelte Freundin oder Kollegin engagiert, ihr die Adresse einer Beratungsstelle besorgt und einige Ratschläge gegeben – aber letztlich ist die Frau nicht darauf eingegangen, alles ist beim Alten geblieben.
- Sie können überhaupt nicht verstehen, dass Ihre Freundin gegen alle Abmachungen und Beteuerungen schon zum zweiten Mal zu ihrem Mann zurückgekehrt ist. Immer wieder berichtet sie über die gleichen Probleme und dennoch will sie offenbar nichts an ihrer Situation ändern.

Solche Verhaltensweisen verlangen den Helferinnen und Helfern einiges ab: Es ist frustrierend, manchmal auch peinlich oder beschämend, auf diese Art »abgewiesen« zu werden – am liebsten möchten Sie Ihre Hilfeversuche wahrscheinlich abbrechen. Vielleicht fragen Sie sich, was Sie falsch gemacht haben. Oder Sie schwören sich: Das war das letzte Mal, dass ich mich für jemanden eingesetzt habe! Möglicherweise denken Sie sogar, dass der betreffenden Frau einfach nicht zu helfen ist oder dass sie selbst schuld ist an ihrer Lage.[51] Vielleicht sind Sie auch zu der Überzeugung gekommen, dass die Situation doch gar nicht *so* schlimm ist.

Aber die Realität misshandelter Frauen ist ganz oft schlimm, so schlimm, dass sie nicht mehr klar und entschlossen agieren können, sondern ihre Reaktionen widersprüchlich und konfus erscheinen. Dieses Verhalten ist aber nicht der Ausgangspunkt oder die Ursache für Gewalt – es ist die Folge! Das zu wissen und zu berücksichtigen ist ein sehr wichtiger Aspekt, wenn Sie eine misshandelte Frau unterstützen wollen.

Vielleicht hilft es Ihnen, Ihre Enttäuschung im Zaum zu halten, wenn Sie sich – immer wieder – klar machen, in welcher Situation sich die Freundin, Kollegin oder Nachbarin befindet: Sie ist nicht gleichgültig oder undankbar gegen über ihren Unterstützern. Aber sie ist oft tief verunsichert darüber, ob und wie sie ihr Leben wieder in die Hand bekommen kann. Den »Helfer/innen« hilft dann, sich mit Geduld und Toleranz zu wappnen! Sie können Ihrer Freundin, Kollegin oder Nachbarin nicht die Entscheidung abnehmen, wie sie leben will. Sie selbst muss schließlich mit den Konsequenzen klar kommen, deshalb muss sie auch selbst entscheiden, was sie tun will und wann sie es tun will. Wenn Sie bei all Ihren Bemühungen enttäuscht und frustriert werden, ergeht es Ihnen übrigens nicht anders als vielen professionellen Helfern. Sie können und sollten etwas dagegen unternehmen: Suchen Sie sich selbst einen Rückhalt! Gewalt- und Frauenberatungsstellen unterstützen nicht nur Betroffene, sondern sind auch bereit, Vertrauenspersonen zu beraten und zu begleiten. Diese Möglichkeit sollten Sie unbedingt nutzen, wenn Sie merken, dass Sie an die Grenzen dessen stoßen, was für Sie verständlich, nachvollziehbar und vernünftig ist.

Den ersten Schritt machen

Der Anfang eines Hilfeangebotes ist oft das Schwierigste. Dennoch sollte man nicht warten, bis die Freundin, Kollegin, Schwägerin oder Nachbarin auf einen zukommt, sondern selbst den ersten Schritt tun. Das Beste und Einfachste ist, etwas Offensichtliches anzusprechen: Vielleicht ist unübersehbar, dass die Frau Kummer oder ein Problem hat, weil sie rapide abgenommen hat oder weil sie oft krank ist. Man kann zum Beispiel sagen: »Mir ist aufgefallen, dass Sie bedrückt sind (... abgenommen haben, ... oft krank sind). Ich mache mir Gedanken darüber. Wenn Sie ein Problem haben und darüber reden wollen, würde ich Ihnen gern helfen. Und ich würde es für mich behalten.« Auch wenn die Frau das Gesprächsangebot zurückweist, kann es der Einstieg in eine – spätere – konkrete Hilfe sein. Das Angebot hat die Frau darin bestätigt, dass ihre Situation nicht in Ordnung ist, und es gibt die Möglichkeit, das Gespräch zu einem anderen Zeitpunkt aufzunehmen.

»Da hat mich mal eine Frau aus der Nachbarschaft angesprochen, als ich beim Müll-Wegbringen war. Und die meinte dann zu mir, wenn ich Hilfe bräuchte, sollte ich mich an sie wenden.... Ich weiß noch genau, dass ich dachte: Oh Gott, wenn der (der schlagende Ehemann) das mitkriegt, dass die mich angesprochen hat, dann bin ich auch noch schuld, dass die das mitgekriegt hat ... und dann muss ich mich auch noch dafür rechtfertigen.«[52]

Damit eine Frau darüber reden kann, was ihr passiert, muss sie sich sicher fühlen. Menschen, die helfen wollen, können dazu beitragen, in dem sie versprechen, alles, was die Frau ihnen anvertraut, vertraulich zu behandeln – und das selbstverständlich auch einhalten. Wenn Betroffene merken, dass ihnen zugehört und geglaubt wird, kann Reden eine Entlastung sein. Freundinnen und Freunde sollten darauf achten, dass sie nichts sagen oder fragen, was die betroffene Frau als Schuldzuweisung oder als Ablehnung ihres Verhaltens verstehen könnte. Sagen Sie möglichst nicht:
- Dann müssen wir jetzt mal überlegen, wie du das wieder hinkriegst.
- Er ist eben schwierig (... gestresst, ... sensibel, ... krank), da kann so etwas passieren.
- Die Hauptsache ist doch, dass er dich liebt.
- Wieso lässt du dir das gefallen?
- Jetzt musst du aber zur Polizei gehen und ihn anzeigen!

Auch wenn es vielleicht gar nicht so gemeint ist – für eine geschlagene Frau klingt in solchen Aussagen und Fragen durch, dass ein Teil der Verantwortung bei ihr selbst liegt oder dass sie falsch reagiert hat. Auch gut gemeinte Vorschläge (... zur Polizei gehen ...) können Druck erzeugen und »abschrecken«. Selbst wenn die Helfer und Helferinnen sehr wütend auf den Täter sind: Sie sollten versuchen, ihre Reaktionen im Zaum zu halten und der Frau nichts aufdrängen. Natürlich sind heftige Gefühle verständlich, für die Betroffene können sie jedoch zusätzlichen Stress bedeuten. Die Folge ist wiederum, dass sie schweigt, um die aufgebrachten Angehörigen oder Freunde zu beruhigen, oder sich zurückzieht, um weiterem Druck zu entgehen. Der Versuch, die Frau zu motivieren, irgendetwas zu tun, ist nicht selten der Versuch der Freunde oder Angehörigen, eigene Gefühle von Ohnmacht und Hilflosigkeit zu kompensieren. Der betroffenen Frau hilft ein solcher Aktionismus leider nicht.

Helfen in kleinen Schritten

Besser als Aktionismus ist eine »Politik der kleinen Schritte«: Zeigen Sie Anteilnahme und machen Sie deutlich, dass Sie Ihrer Freundin oder Kollegin nicht die Schuld für ihre Situation geben. Und auch wenn Sie das Gefühl haben, dass schnelle Entscheidungen und rasches Handeln nötig sind – vorsichtiges Nachfragen ist besser als schnelle Aktionen. Eine nützliche Frage ist in jedem Fall: »Wie kann ich helfen?« Vielleicht können Sie tatsächlich einiges tun: einen Notfallkoffer mit wichtigen Dingen bei sich deponieren, auf die Kinder aufpassen, damit die Frau ungestört eine Beratungsstelle aufsuchen kann, Ihre Wohnung als vorübergehende Fluchtmöglichkeit zur Verfügung stellen und Informationsmaterial besorgen. Hilfe und Unterstützung besteht aber nicht immer nur in konkreten Aktionen: Für belastete Frauen ist es oft eine große Erleichterung, wenn sie das – ernst gemeinte – Angebot bekommen: »Sie können mich jederzeit anrufen...« oder »Du kannst jederzeit zu mir kommen...«
Sie sollten sich aber auch darüber klar werden, was Sie nicht tun können oder nicht tun wollen. Seien Sie ehrlich mit sich und Ihrer Freundin, Kollegin oder Nachbarin: Es hilft ihr nicht, wenn Sie sich irgendwann überfordert fühlen und den Kontakt abbrechen. Besser ist es, klar zu sagen, was Sie auf sich nehmen können und was nicht.

Eingreifen – ja oder nein?

Je nachdem, in welcher Beziehung ein Mensch zu der misshandelten Frau und ihrem Partner steht, sieht er oder sie vielleicht eine Chance darin, den Mann auf sein Verhalten anzusprechen. Wer so etwas vorhat, sollte sich vorher vergewissern, dass er dadurch nicht die Frau oder sich selbst in Gefahr bringt. Man sollte darüber unbedingt vorher mit der Frau sprechen – sie kann vermutlich am besten einschätzen, ob ein solcher Gesprächsversuch nützlich ist oder eher zur Eskalation beiträgt.

Etwas anderes ist es, wenn sich die Übergriffe vor den Augen (oder Ohren) von Freunden oder Nachbarn abspielen. Wenn ein Mann seine Frau in der Öffentlichkeit beleidigt oder schikaniert, ist die Versuchung groß, die Situation zu überspielen: Man tut so, als ob man nichts gehört hat, man wechselt schnell das Thema oder den Raum. Aber man kann auch anders reagieren: Wenn Freunde oder Kollegen mitbekommen, dass ein Mann seine Frau/Freundin beschimpft und demütigt, ist es eine Hilfe für das Opfer, wenn sie eingreifen. Sie können den Mann beiseite nehmen und ihm sagen, dass sein Verhalten unfair und grob ist und dass er damit zu weit geht. Gleichzeitig sollten sie aber darauf achten, dass er dabei nicht sein Gesicht verliert – und er sich später an seiner Frau dafür rächt. Im besten Fall bewirkt das Eingreifen für alle Beteiligten einen Fortschritt: Die betroffene Frau hat Unterstützung erfahren und fasst möglicherweise den Mut, sich jemandem anzuvertrauen, der Mann hingegen hat ein Signal bekommen, dass sein Verhalten nicht in Ordnung ist. Und die Freunde, Nachbarn oder Kolleginnen haben einen Anknüpfungspunkt für spätere Nachfragen und Hilfeangebote.

Hinsehen und helfen – aber wie?

Wenn Sie einer Frau aus Ihrer Familie, Ihrem Freundes- oder Bekanntenkreis helfen wollen:
- Sprechen Sie die Frau nur an, wenn Sie sie allein treffen.
- Geben Sie der Frau das Gefühl, dass Sie zu ihr stehen und Verständnis für sie haben.
- Machen Sie deutlich: Das Opfer trägt keine Schuld an der Situation!
- Bieten Sie immer wieder Hilfe (Zuhören, Zuflucht) an, auch wenn die Frau das zunächst ablehnt.

- Finden Sie heraus, welche spezialisierten Beratungsstellen es vor Ort gibt, und geben Sie deren Adressen und Telefonnummern an die Frau weiter.
- Unternehmen Sie nichts, was die Betroffene nicht will. Treffen Sie keine Entscheidungen über den Kopf der Frau hinweg!
- Teilen Sie Ihre Bereitschaft zum Zuhören mit, aber lassen Sie die Frau den Zeitpunkt selbst bestimmen.
- Machen Sie keine Vorwürfe. Stellen Sie keine Fragen, die die Frau in eine Verteidigungsposition drängen.
- Fragen Sie, welche Unterstützung sie von Ihnen möchte (Informationen, Adressen besorgen, Begleitung etc.).
- Respektieren Sie die Entscheidungen der Frau, auch wenn Sie selbst eine andere Einschätzung haben (z. B. in Bezug auf eine Anzeige).
- Wenn Sie Zeuge oder Zeugin eines tätlichen Angriffs werden, sollten Sie sich nicht selbst in Gefahr bringen. Wenn es in Ihrer Nachbarwohnung zu Gewalt kommt, sollten Sie die Polizei rufen – Polizeibeamte haben den gesetzlichen Auftrag einzugreifen und sind für solche Situationen ausgebildet.
- Stellen Sie sich als Zeuge/Zeugin zur Verfügung, wenn es zu einem Polizeieinsatz gekommen ist. Das kann wichtig werden, falls die betroffene Frau sich für rechtliche Schritte entscheidet.

Auch Männer können etwas tun ...

- »Ich wünsche mir, dass das Umdenken in den Köpfen der Männer stattfindet. Das ist das, was wichtig ist! Weil Gewalt keine Lösung ist.«
- »Weil die Männer ja doch davon ausgehen, jedenfalls meiner, er hat nichts gemacht. Er wusste gar nicht, warum ich gegangen bin. Er war nur der Frau ein braver Mann gewesen. Er wusste gar nicht, was los war. Und er hätte auch nie geschlagen. Hätte vielleicht mal geschubst.«[53]
- »Wieso gehe ich jetzt zu einem Therapeuten, wieso geht er nicht zu einem Therapeuten?«[54]

Gewalt in Beziehungen wird normalerweise nicht dadurch beendet, dass ein Täter von sich aus zur Einsicht kommt und mit den Übergriffen aufhört. Fast immer müssen die Opfer selbst aktiv werden, entweder indem sie sich zurückziehen und die Beziehung beenden oder indem sie Polizei und Justiz einschalten. Das ist die Notbremse, der letzte Ausweg, mit dem Frauen weitere Eskalationen verhindern und sich und ihren Kindern ein gewaltfreies Leben schaffen wollen. Viele Frauen möchten sich aber eigentlich gar nicht trennen. Sie wünschen sich vielmehr, dass ihr Partner an sich arbeitet und sein Verhalten ändert. Sie wollen, dass er weniger cholerisch und eifersüchtig reagiert und dass er lernt, respektvoller und entspannter mit ihnen und den Kindern umzugehen. Tatsächlich wäre es das Einfachste und Sinnvollste, Gewalt genau da zu beseitigen, wo sie entsteht, nämlich bei den Tätern. Gelegenheiten dazu hätten die Männer, die ihre Frauen misshandeln: in einem »Anti-Gewalt-Training« oder einem »Sozialen Trainingskurs für gewalttätige Männer«, in einem »Täterprogramm« oder in der »Männerberatung«. Unter diesen und ähnlichen Namen kann man Angebote finden, in denen Männer lernen, Gewalt zu verlernen. Es gibt zwar noch nicht viele Beratungsstellen dieser Art, aber ihre Zahl ist in den letzten Jahren stark gewachsen – und sie wächst hoffentlich weiter. Vor allem in größeren Städten haben Männer gute Chancen, eine »Täterberatung« zu finden.

»Frage: ›Du warst also wütend, dass sie nicht zu Hause war und das Abendessen für dich und deinen Sohn gemacht hat?‹
Antwort: ›Ja.‹
Frage: ›Was ist dann passiert?‹
Antwort: ›Ja, dann ist sie also um neun Uhr gekommen. Ich habe sie angebrüllt, warum sie so spät kommt. Sie ist dann in die Küche gegangen und hat sich eingeschlossen. Dann habe ich die Tür eingetreten.‹
Frage: ›Was ist dann passiert?‹
Antwort: ›Ich habe sie geschlagen, am Kopf. Ich war außer mir. Ich habe sie gegen die Wand gestoßen. Sie lag dann auf der Erde, und dann habe ich sie auch noch getreten. (An dieser Stelle weint der Mann.) Es war furchtbar.‹

Frage: ›Hat deine Frau dich angezeigt oder die Polizei gerufen?‹
Antwort: ›Nein.‹
Frage: ›Deine Frau ist dann am nächsten Tag weg gewesen.‹
Antwort: ›Ja. Ich bin von der Arbeit gekommen und sie war mit den Kindern weg.‹
Frage: ›Wenn sie nicht gegangen wäre, hättest du sie dann wieder geschlagen?‹
Antwort (nach einer Pause): ›Ja.‹«[55]

Auch wenn ein Mann (wie in diesem Bespiel aus einer Beratungsstelle für Männer) es selbst »furchtbar« findet, was er getan hat, auch wenn es ihm entsetzlich leid tut und wenn er beteuert, dass es nie wieder passieren wird: Die Wahrscheinlichkeit, dass er dennoch wieder zuschlägt, ist größer als die Chance, dass er von sich aus damit aufhört. Gewalt gegen die eigene Partnerin ist – um im Polizeijargon zu sprechen – ein Wiederholungsdelikt. Wer einmal damit begonnen hat, wird höchstwahrscheinlich irgendwann weitermachen, manchmal erst nach Jahren, oft aber schon nach Monaten, Wochen oder Tagen. Denn wie schon im zweiten Kapitel beschrieben: Gewalt kann ein Teufelskreis werden, der immer wieder von vorn beginnt und aus der Sicht von Täter etwa folgendermaßen funktioniert:

Aus diesem Teufelskreis finden Gewalttäter aus verschiedenen Gründen fast nie allein heraus. Einige schämen sich zu sehr, um über eigenes Fehl- oder gar strafbares Verhalten zu sprechen. Andere sehen überhaupt keinen Grund, etwas an ihrem Verhalten zu ändern. Für sie sind ihre Brutalität und Gewalt kein Problem, sondern eine Lösung: die Lösung für Stress, die Lösung für Konflikte – und ein äußerst effektives Mittel, um eigene Interessen und Bedürfnisse durchzusetzen und in der Partnerschaft die Oberhand zu behalten.

Täter sind häufig keine souveränen Männer, auch wenn sie außerhalb der Beziehung möglicherweise so wirken, sondern eigentlich überfordert. Sie verstehen nicht, warum sie sich ändern müssen, oder sie schämen sich, für ihr Verhalten einzustehen. Hinzu kommt, dass viele von ihnen – anders als die meisten Frauen – sich nicht

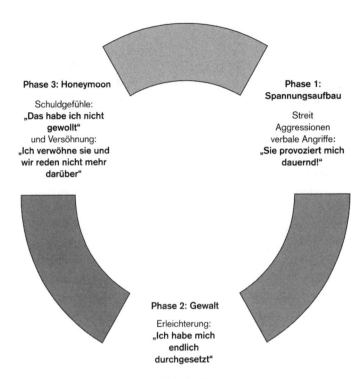

Abb. 3: Der Zyklus der Gewalt aus Sicht der Täter

vorstellen können, bei persönlichen Problemen eine professionelle psychologische Hilfe in Anspruch zu nehmen. Selbst wenn sie merken, dass ihr Verhalten sie in Schwierigkeiten bringt, gehen die wenigsten Männer aus freien Stücken in eine Beratungsstelle. Die Mitarbeiter dieser Stellen berichten, dass nur eine Minderheit ihrer Klienten wirklich freiwillig an den Kursen teilnimmt, die überwiegende Mehrheit kommt gezwungenermaßen, wobei dieser Zwang unterschiedlich zustande kommen kann.

Viele schlagende Männer werden irgendwann von ihrer Partnerin vor die Alternative gestellt: »Entweder du unternimmst etwas oder ich gehe!« Die Frau oder Freundin macht die Teilnahme an einer Beratung zur Bedingung dafür, dass die Beziehung weitergehen kann. Manche Männer beginnen eine Beratung erst dann, wenn ihre Frau bereits gegangen ist und die Scheidung eingereicht hat. Andere sind mit einem polizeilichen Platzverweis oder per Gerichtsbeschluss aus der gemeinsamen Wohnung verwiesen worden und hoffen, dass sie mit einen Anti-Gewalt-Training eine Versöhnung herbeiführen können. Wieder andere fürchten um den Kontakt zu ihren Kindern oder das Sorgerecht für sie.

Therapeuten nennen diese Situationen »sekundären Leidensdruck«. Die Männer leiden nicht unter der Gewalt, die sie ausüben (das wäre ein »primärer Leidensdruck«), sondern unter den Folgen: unter dem Hinauswurf aus der eigenen Wohnung, unter der Trennung von den Kindern, unter der bevorstehenden Scheidung, möglicherweise auch unter dem Prestigeverlust, den eine Trennung mit sich bringt. Manche Männer merken auch erst in solchen Situationen, wie allein sie ohne ihre Partnerin sind. Vielen fehlen nicht nur ihr Zuhause und die emotionale Versorgung durch die Frau und die Kinder, sondern auch die Kontakte zu Freunden und Nachbarn. Denn in vielen Partnerschaften ist die Organisation und Pflege des Sozialen die Domäne der Frau. Männer in solchen Situationen sind emotional und sozial abhängig von ihrer Frau, auch wenn sie ständig mit Gewalt versuchen, ihre Position als »Herr im Haus« zu demonstrieren. Wenn diese emotionale und soziale Versorgung ausfällt, stehen viele Männer weitgehend isoliert da und wissen nicht wohin. Dieser sekundäre Leidensdruck erzeugt also eine Art indirekten Zwang, sich auf die Beratung einzulassen.

Einem direkten Zwang hingegen unterliegen Männer, denen das Gericht auferlegt hat, an einer Beratung oder einem Trainingsprogramm teilzunehmen. Oft handelt es sich um eine Auflage oder Weisung im Rahmen eines Strafverfahrens. In diesen Fällen fordert die Staatsanwaltschaft oder das Gericht den Täter auf, die Beratung oder das Training zu absolvieren, und der Täter bekommt dadurch die Chance, seine Strafe abzumildern oder ganz zu vermeiden. Ein Anti-Gewalttraining kann aber auch als Bewährungsauflage verhängt werden. Das bedeutet: Wenn der Mann sich weigert, am Täterprogramm teilzunehmen, das Programm abbricht oder dort ausgeschlossen wird, muss er seine Strafe antreten.

Viele Berater und Therapeuten, die mit Tätern arbeiten, betonen, dass diese Arbeit keine »Therapie« im eigentlichen Sinn ist.

Eine Therapie basiert auf Voraussetzungen, die bei Gewalttätern in der Regel nicht gegeben sind: »Normale« Klienten kommen freiwillig und haben eine hohe Motivation, etwas in ihrem Leben oder an ihrem Verhalten zu verändern. Wer aus eigenem Antrieb eine Therapie beginnt, ist in der Regel sehr interessiert daran, dass sie zum Erfolg führt, und arbeitet entsprechend mit. Die Inhalte und Ziele der Therapie richten sich deshalb nach den Wünschen der Klienten. Die Inhalte der Therapie sind streng vertraulich. Wie Ärztinnen und Ärzte haben auch Therapeutinnen und Therapeuten eine Schweigepflicht gegenüber Außenstehenden.

Gewalttäter ohne primären Leidensdruck dagegen wollen nicht in erster Linie etwas an sich ändern, sie wollen zunächst nur juristische Sanktionen und andere Schwierigkeiten vermeiden. Sie möchten beispielsweise nicht, dass sie zu einer härteren Strafe verurteilt werden oder dass ihre Frau sie endgültig verlässt. Die Inhalte der Beratung können sich deshalb nicht nach ihren Interessen richten, sondern werden vorgegeben – und die Schweigepflicht wird nicht absolut garantiert, sondern gilt nur eingeschränkt. Sie endet zum Beispiel, wenn die Behandler von erneuten Übergriffen des Klienten erfahren. Um diese Unterschiede zu betonen, wird die therapeutische Arbeit mit Gewalttätern deshalb »Täter*arbeit*«, »Täter*training*« oder »Täter*programm*« genannt.

Gewalt ist das Problem, nicht die Lösung – Ziele und Inhalte der Arbeit mit Tätern

Viktor K. war aufbrausend und rasend eifersüchtig. Ihm genügte »ein kleiner Funke, ein winziges Wort, und ich habe zugeschlagen. Ganz oft. In dem Moment, wo das vorbei war, tat's mir leid.« Viktor K. hat schon während der Schulzeit begonnen, die Mädchen zu verhauen, »mit dem Stock. Danach war alles wieder klar. Das hat sich so eingespielt. Bis dann überhaupt nichts mehr ging.« Bis er irgendwann in der Trainingsgruppe für gewalttätige Männer landete. Weil ihn ein Richter hierzu verdonnerte. Dort sitzen sie dann, die Männer, die sich nicht beherrschen können, lernen, in Konfliktsituationen nicht gleich zuzuschlagen. Inzwischen geht

Viktor K. mit seinen Fäusten, die er nicht immer im Griff hat, immerhin überlegter um. Wenn ihn wieder einmal der Verdacht überkommt, seine Freundin würde fremdgehen, »und ich mit ihr darüber reden möchte, fahre ich nicht mit ihr nach Hause, sondern treffe mich im Café. Das ist ein Schutz für sie und auch für mich. Weil, wenn ich dann zuschlage, kämen die anderen Leute und würden ihr helfen.«

Frankfurter Rundschau, 10. Januar 2006

Ob durch den Druck der Partnerin, unter juristischem Zwang oder tatsächlich freiwillig – eine Täterberatung oder ein Anti-Gewalt-Programm ist für viele Männer der einzige Weg, ihr Verhalten zu ändern und die Gewalt zu beenden. Dabei geht es im Wesentlichen um drei Ziele:

- die Opfer – Frauen und Kinder – vor weiterer Gewalt zu schützen,
- bei den Männern einen Bewusstseinswandel zu bewirken und ihnen deutlich zu machen,
- dass Gewalt ihre Probleme nicht löst, sondern neue schafft,
- Alternativen zur Gewalt zu lernen.

In einer akuten Krise kann ein Beratungsgespräch darüber hinaus auch als Ventil wirken. Denn nach der ersten Zerknirschung und Reue bauen Männer oft eine Menge Wut auf – weil eine Anzeige gegen sie läuft, weil die Frau sie verlassen hat oder ins Frauenhaus gegangen ist, kurz: wegen all dieser Dinge, die »ihm passiert« sind und die die Partnerin ihm »angetan« hat. Diese Wut kann zu neuen Angriffen führen: Typisch sind zum Beispiel pausenlose Telefonanrufe, um die Frau zur Rückkehr zu überreden, oder Drohungen, ihr das Geld zu streichen (»Die sieht keinen Cent mehr von mir ... Das Auto ist sowieso meins ... Ihren Job ist sie los, wenn ich mit dem Chef gesprochen habe ... Das werden wir ja sehen, wer die Kinder bekommt ...«). Solche Aggressionen können in der Beratung aufgefangen und abgebaut werden. Außerdem kann ein Berater auch praktische Fragen und Unsicherheiten klären helfen: Wie werden die polizeilichen Ermittlungen weitergehen? Was hat es zu bedeuten, wenn die Partnerin eine Schutzanordnung oder ein Kontaktverbot erwirkt hat? Welche Konsequenzen haben diese Anordnungen auf den Umgang mit gemeinsamen Kindern? Täterberatung hilft also auch, die eigene Situation besser zu überblicken und einzuschätzen, und kann auf diese Weise verhindern, dass der Mann seine Unsicherheit und seine Aggressionen an seiner Partnerin auslässt.

Gewalt dauerhaft zu *verlernen* und alternative Verhaltensweisen zu *erlernen* erfordert Zeit. Ein Tätertraining dauert in der Regel mindestens ein halbes Jahr. Das ist nach den Erfahrungen vieler Trainer das absolute Minimum. Denn die Männer kommen höchst selten gleich nach dem ersten Übergriff in eine Beratungsstelle, also in einem Moment, in dem gewalttätige Verhaltensmuster noch nicht zementiert sind und Veränderungen relativ leicht möglich wären. Die meisten Teilnehmer haben eine jahrelange Gewaltgeschichte. Manche haben nicht nur die derzeitige Partnerin misshandelt, sondern waren auch schon in vorherigen Beziehungen gewalttätig. Für diese Gruppe ist Gewalt alltäglich und selbstverständlich, in ihren eigenen Augen vielleicht sogar »unvermeidlich« geworden. Solche Männer lernen nicht von heute auf morgen, wie man eine Beziehung führt, Konflikte austrägt und Ärger und Stress bewältigt, ohne die Partnerin niederzumachen, zu demütigen und zu verprügeln.

In den meisten Trainingsprogrammen müssen sich die Teilnehmer als erstes schriftlich verpflichten, ab sofort auf Gewalt zu verzichten. Damit es den Männern gelingt, diese Verpflichtung einzuhalten, erarbeiten die Berater mit ihnen einen »Notfallplan«. Für den Fall, dass eine Situation zu einer Gewalthandlung zu eskalieren droht, enthält der Notfallplan konkrete und praktische Vorschläge, was der Mann tun kann, um Gewalt zu vermeiden.

Aber schriftliche Verpflichtungen und Notfallpläne sind keine Garantie dafür, dass tatsächlich nichts passiert. Täterprogramme müssen darüber hinaus zusätzliche Kontrollen enthalten, um die Opfer wirksam zu schützen. Denn kaum ein Teilnehmer würde freiwillig zugeben, wenn er wieder zugeschlagen hätte. Berater nehmen deshalb in der Regel von sich aus Kontakt zur Partnerin des Mannes auf, klären sie über das Programm und seinen Ablauf auf und informieren sich darüber, wie die Partnerin die Situation und ihre Sicherheit einschätzt. In klassischen Therapien würde dies das Vertrauensverhältnis zwischen Therapeut und Klient zerstören – in der Täterarbeit ist diese Einschränkung der Schweigepflicht eine notwendige Arbeitsweise.

Das A und O der Täterarbeit ist, die Einstellungen und Argumente zu erschüttern, mit denen Täter ihr Handeln entschuldigen oder rechtfertigen. Dabei geht es vor allem um die Vorstellungen, die die Männer vom Verhältnis zwischen Männern und Frauen in Partnerschaften haben. Zum Beispiel befürchten viele Männer, die ihre Partnerin angegriffen haben, bei dem geringsten Anlass, dass ihre Autorität als Mann bedroht oder demontiert wird. Dahinter steckt oft ein gestörtes Verständnis von Partnerschaft: Viele gewalttätige Männer empfinden sich bereits als unterlegen, wenn ihnen ihre Partnerin »auf Augenhöhe«, begegnet. Sicher fühlen diese Männer sich nur, wenn sie klar dominieren. Diese Dominanz finden sie gerecht und richtig; auch deshalb fehlt vielen von ihnen ein Unrechtsbewusstsein gegenüber ihrem Verhalten.

Kein Allheilmittel, aber nützlich – Erfahrungen aus der Arbeit mit Tätern

Die Forschungsgruppe WIBIG[56] hat im Auftrag des Bundesfamilienministeriums einige Täterprogramme wissenschaftlich begleitet. Die Ergebnisse zeigen, dass diese Programme positive Wirkungen haben, vorausgesetzt, die Teilnehmer beenden das Training tatsächlich erfolgreich und brechen es nicht auf halber Strecke ab. Die Untersuchung hat über 300 Fälle ausgewertet – davon haben zwei Drittel ihren Kurs vollständig absolviert, für sie gelten diese Einschätzungen.

- Die meisten Täter sind während der Dauer des Programms nicht rückfällig geworden.
- Sie haben gelernt, die Konsequenzen ihrer Tat(en) zu akzeptieren und sehen die Kursteilnahme als Chance zur Veränderung.
- Sie geben nicht mehr ihrer Partnerin oder dem Alkohol die Mitschuld, sondern übernehmen selbst die Verantwortung für ihre Tat(en).

- Sie äußern sich einfühlsamer und toleranter über ihre Partnerin, Gehässigkeiten und Abwertungen gehen zurück.
- Sie empfinden es als Entlastung und Hilfe, mit anderen über ihre Probleme zu sprechen.

Täterarbeit – dass zeigen die Ergebnisse dieser Untersuchung – stellt für die Dauer der Kursteilnahme tatsächlich einen gewissen Schutz für die Opfer dar und kann bewirken, dass die Männer ihre Einstellungen zu Partnerschaft und Gewalt ändern. Es gibt allerdings keine Anhaltspunkte dafür, wie lange diese Wirkung anhält. Trainingskurse für gewalttätige Männer gibt es in Deutschland erst seit wenigen Jahren, deshalb fehlen noch Untersuchungen über die Langzeiteffekte. Immerhin lässt sich auch jetzt schon sagen: Gewalttätige Männer können eine Menge tun, um die Gewalt in ihrer Beziehung zu beenden – wenn sie es denn wollen und wenn sie bereit sind, Gewalt als ihr eigenes Problem zu begreifen. Und wenn sie bereit sind, um der Lösung dieses Problems willen an sich zu arbeiten.

Klaus Eggerding, Leiter des Männerbüros Hannover e. V. und Sprecher der Bundesarbeitsgemeinschaft Täterarbeit, leitet seit vielen Jahren Trainingskurse für gewalttätige Männer. Er antwortet hier auf einige Fragen zu Zielen und Wirkung dieser Arbeit:

- *Wieso gibt es Anti-Gewalt-Trainings für Männer, die Frauen misshandelt haben? Wäre es nicht besser, die Täter zu bestrafen?*

»Trainingsprogramme gegen Gewalt können mehr leisten als eine Strafe. Wir wissen heute: Bestrafung allein ändert langfristig häufig nichts an dem Verhalten. Oft schlagen die Täter nach einer Weile wieder zu, dann vielleicht bei einer anderen Frau. Die meisten Männer, die ihre Partnerin misshandeln, können ihr Verhalten aber nur mit Hilfe entsprechender Unterstützung verändern. Voraussetzung ist, dass sie zumindest eine minimale Motivation haben und nicht grundsätzlich gegen das Training eingestellt sind. Andererseits: Therapie statt Strafe halte ich auch für unzureichend, denn die meisten Männer, die als Gewalttäter auffallen, sind nicht krank, also sollten wir sie auch nicht so behandeln. Aufgrund meiner Erfahrung mit den Tätern bin ich überzeugt, dass in den meisten

Fällen eine Kombination aus Therapie und Strafe sinnvoll ist – wenn also das Gericht eine Strafe mit der Auflage verbindet, an einem Anti-Gewalt-Programm teilzunehmen.«

- *Gibt es Männer, die freiwillig an einem Training teilnehmen?*

»Die große Mehrheit ist aufgrund einer gerichtlichen Weisung dabei, und ca. 13 Prozent der Männer nehmen freiwillig an unseren Trainingsprogrammen teil. Bei genauerem Hinsehen haben jedoch auch viele von den »Freiwilligen« eine »Auflage«, nämlich den Druck der Partnerin, der Ehefrau oder Freundin – in vielen Fällen ist sie die treibende Kraft. Der springende Punkt ist: Männer, die ihre Partnerinnen misshandeln und terrorisieren, leiden in der Regel nicht selbst unter ihren Taten – es sind ihre Mitmenschen, die leiden. Diese Täter beginnen erst dann, sich unbehaglich zu fühlen, wenn Sanktionen erfolgen. Dann aber leiden sie nicht wirklich unter dem eigenen Verhalten, sondern unter der Sanktion.«

- *Was lernen die Täter in den Kursen?*

»Das grundlegende Ziel ist, dass die Männer die volle Verantwortung für ihre Taten übernehmen – und zwar hundertprozentig: Sie sollen lernen, dass sie selbst für ihr Handeln verantwortlich sind und dass sie weder dem Alkohol noch irgendwelchem Stress oder anderen Menschen die Schuld geben können. Das zweite Ziel ist das Erlernen von Einfühlungsvermögen: Sie sollen die Gewalt aus der Perspektive der verletzten Partnerin und der beteiligten Kinder nachempfinden können. Als Drittes üben wir mit den Männern, wie sie in Konfliktsituationen Gewalt vermeiden können. Sie lernen, wie der »Gewaltkreislauf« funktioniert und wie sie aus einer Situation »aussteigen« können, bevor sie eskaliert, und zwar unabhängig davon, wie die Partnerin sich verhält.

- *Was tun die Trainer, wenn ein Teilnehmer seine Meinung zu Gewalt nicht ändert?*

»Wenn sich herausstellt, dass ein Teilnehmer seine Haltung zu Gewalt nicht aufgibt und sein Verhalten nicht verändern will, wird er aus der Gruppe ausgeschlossen. Dann werden sowohl seine Partnerin als auch das Gericht und möglicherweise andere Institutionen darüber informiert. Bei den Männern, die aufgrund einer gerichtlichen Auflage an unserem Programm teilnehmen, wird nach einem Abbruch oder Ausschluss aus dem Kurs das gerichtliche Verfahren wieder aufgenommen.«

- *Was bedeutet es für die Frauen, wenn ihr Partner an einem Trainingskurs teilnimmt?*

»Wir führen vor dem Ende des Trainings ein Abschlussgespräch mit den Partnerinnen. Wenn wir dabei erfahren, dass ihr Mann bzw. ihr Freund seit dem Beginn des Kurses keine Gewalt mehr ausübt, sich ruhiger verhält, öfter als vorher von sich aus ein Gespräch beginnt oder von sich erzählt, zeigt uns das, dass das Training erfolgreich war. Der Schutz besteht vor allem darin, dass der Mann für die Dauer des Kurses in ein soziales Netz eingebunden ist. Die Gruppe und die Trainer/innen stellen ein gewisses Maß an Kontrolle auch über das Verhalten außerhalb der Trainingsstunden sicher. Im Training bearbeiten die Teilnehmer nicht nur ihre bisherigen Gewalttaten, sondern auch Stress und Konflikte aus ihrem Alltag. Wir können mit Zuwendung und mit Konfrontation dafür sorgen, dass jeder Mann seiner Situation ins Auge sieht. Wir – und er selbst – merken, ob es erneut ein Gewaltrisiko gibt. Und wir können herausfinden, welche Maßnahmen helfen, Gewalt zu verhindern. Wichtig für Schutz und Entlastung ist allerdings, dass wir Kontakt zu den Partnerinnen haben. Wenn die betroffene Frau von einer (Frauen-)Beratungsstelle unterstützt wird, kooperieren wir auch mit dieser Einrichtung. Bei Abbruch des Trainings oder einem Ausschluss informieren wir dann nicht nur die Partnerin und die Justiz, sondern auch die Beratungsstelle – vor allem deswegen, damit die Fachkräfte mit der Frau überlegen können, ob unter diesen Umständen andere Schutzmaßnahmen notwendig sind.«

Verantwortung übernehmen – Was Männer tun können, wenn sie Gewalt ausüben

Gewalttätige Männer geben oft den »Umständen«, dem Alkohol oder anderen Menschen die Schuld an ihrer Gewalt. Sie wollen nicht wahrhaben, dass sie selbst die Verantwortung tragen für das, was sie tun. Aber Gewalt »passiert« nicht einfach – es ist der Täter, der in heiklen Situationen mit Gewalt reagiert. Deshalb müssen Täter selbst etwas tun – gute Vorsätze sind nicht genug. Die meisten Männer brauchen professionelle Hilfe, um ihre Verhaltensmuster zu verändern.

- Adressen von Beratungsstellen gibt es im Internet unter www.4uman.info.
- Vor Ort können oft Frauen- oder Gleichstellungsbeauftragte Auskunft darüber geben, welche Institutionen Täterarbeit anbieten.

Kapitel 4:
(Wie) können wir Gewalt verhindern?

Im vorigen Kapitel ging es gewissermaßen um »Schadensbegrenzung«. Was kann man in einer Gewaltsituation tun? Wie können Opfer sich selbst helfen? Wie können andere ihnen helfen? Und wie können Täter in ihre Schranken verwiesen und zur Verantwortung gezogen werden? Das sind wichtige Schritte, um Gewalt zu beenden und dafür zu sorgen, dass der Täter sich nicht ein neues Opfer sucht. Noch besser wäre es, Gewalt von vornherein zu unterbinden. Lässt sich verhindern, dass Menschen überhaupt zu Opfern und zu Tätern werden? Manche Experten sind skeptisch – sie argumentieren: Die Gewaltursachen sind vielfältig, die Risikofaktoren sind komplex; deshalb haben Menschen in der Vergangenheit immer wieder Gründe und Möglichkeiten gefunden, Gewalt auszuüben, und sie werden das auch in Zukunft tun. Andererseits kann man anführen: Gerade weil wir heute viele Ursachen und Risikofaktoren kennen, die zu Gewalt führen, haben wir gute Ansatzpunkte für die Vorbeugung.

Große Chancen zur Verhinderung von Gewalt liegen in der Erziehung. Es ist durch zahlreiche Studien untermauert, dass Gewalterfahrungen in der Kindheit erheblich dazu beitragen, dass die Opfer später selbst zu Gewalt greifen; zum Beispiel als Jugendliche gegenüber anderen Jugendlichen – aber auch in der eigenen Partnerschaft. Sie haben – das ist der Mechanismus, der hinter dieser Entwicklung steckt – als Kinder nicht (oder nicht ausreichend) erfahren, wie man sich in Konfliktsituationen mit friedlichen Mitteln durchsetzt, sie haben keine (oder zu wenig) Vorbilder für gewaltlose Formen der Selbstbehauptung, oder sie haben durch das Beispiel der Gewalt im Elternhaus gelernt, dass es »normal« ist, wenn ein Mann seine Frau demütigt oder schlägt.

Wie der Zusammenhang zwischen Gewalt gegen Kinder und Gewalttätigkeit von Erwachsenen funktioniert und wie er unterbrochen werden kann, hat die Kinderbuchautorin Astrid Lindgren mit der folgenden Geschichte illustriert:

»Jetzt werde ich eine kleine Geschichte erzählen. Sie ging so – wenn ich mich recht erinnere: ›Ich war jung zu jener Zeit, als fast alle Kinder oft geschlagen wurden. Man hielt es für nötig, sie zu schlagen, denn sie sollten artig und gehorsam werden. Mein kleiner Junge, Johan, war ein artiger und fröhlicher kleiner Kerl, und ich wollte ihn nicht schlagen. Aber eines Tages kam die Nachbarin zu mir herein und sagte, Johan sei in ihrem Erdbeerbeet gewesen und habe Erdbeeren geklaut, und bekäme er jetzt nicht seine Schläge, würde er wohl ein Dieb bleiben, sein Leben lang. Mit Müttern ist es nun mal so, dass ihnen Angst und Bange wird, wenn jemand kommt und sich über ihre Kinder beschwert. Und ich dachte: Vielleicht hat sie recht, jetzt muss ich Johan wohl eine Tracht Prügel verpassen. Johan saß da und spielte mit seinen Bausteinen – er war ja damals erst fünf Jahre alt –, als ich kam und sagte, dass er nun Prügel bekäme und dass er selbst hinausgehen solle, um eine Rute abzuschneiden. Johan weinte, als er ging. Ich saß in der Küche und wartete. Es dauerte lange, bis er kam, und weinen tat er noch immer, als er zur Tür herein schlich. Aber eine Rute hatte er keine bei sich. ‚Mama', sagte er schluchzend, ‚ich konnte keine Rute finden, aber hier hast du einen Stein, den du auf mich werfen kannst!' Er reichte mir einen Stein, den größten, der in seiner kleinen Hand Platz fand. Da begann auch ich zu weinen, denn ich verstand auf einmal, was er sich gedacht hatte: Meine Mama will mir also wehtun, und das kann sie noch besser mit einem Stein. Ich schämte mich. Und ich nahm ihn in die Arme, wir weinten beide, so viel wir konnten, und ich dachte bei mir, dass ich niemals mein Kind schlagen würde. Und damit ich es ja nicht vergessen würde, nahm ich den Stein und legte ihn in ein Küchenregal, wo ich ihn jeden Tag sehen konnte, und da lag er so lange, bis Johan groß war. Dieb wurde keiner aus ihm. Das hätte ich gerne meiner Nachbarin erzählen mögen, aber sie war schon lange fortgezogen.‹

Ja, so sprach die alte Dame, die mir dies alles erzählte, als ich noch sehr jung war. Und ich weiß noch, dass ich mir dachte: Ich werde meine Kinder auch nicht schlagen, sollte ich welche bekommen. Ich bekam zwei Kinder, und ich schlug sie niemals. Trotzdem wurden gute Menschen aus ihnen. Und auch sie schlagen ihre Kinder nicht. Immer noch gibt es viele Mütter und Väter auf der Welt, die ihre Kinder schlagen und glauben, das sei gut. Sie meinen, Kinder würden artig und gehorsam durch die

Schläge. Aber stattdessen werden sie zu solchen Menschen, die gern selber andere schlagen und weitermachen damit, wenn sie groß sind. Denn wie sollte einer, der sich als Kind an die Gewalt gewöhnt hat, zu einem friedlichen Menschen heranwachsen?«[57]

Das Fazit der Geschichte ist: Es gibt eine große Gefahr, dass aus Gewalt immer wieder neue Gewalt entsteht: Gewalt unterwirft den Schwächeren – bis er stark genug ist, seinerseits andere zu unterwerfen und selbst wieder Gewalt zu verbreiten.

Wir wissen außerdem, dass der Wandel vom Opfer zum Täter bei Jungen viel häufiger stattfindet als bei Mädchen. Für Mädchen besteht ein anderes Problem. Viele, die als Kind Gewalt erlebt haben, gehen als erwachsene Frau eine Beziehung mit einem gewalttätigen Mann ein, und so bleiben sie manchmal über Jahre Opfer. Beide Entwicklungen – »aus Opfern werden Täter« und »aus Opfern werden immer wieder Opfer« – sind nicht zwangsläufig, aber sie stellen ein Risiko dar. Bei der Vorbeugung gegen Gewalt geht es deshalb vor allem darum, Mädchen und Jungen Gewalterfahrungen zu ersparen. Je besser das gelingt, desto größer ist die Chance, dass die Vererbung von Gewalt von einer Generation auf die nächste unterbrochen wird. Das bedeutet: Alle, die an der Erziehung beteiligt sind – ob als Väter oder Mütter, als Erzieherinnen oder Lehrkräfte, als Sozialarbeiter oder Fußballtrainer –, haben wichtige Hebel zur Verhinderung von Gewalt in Hand. Wenn Kinder und Jugendliche von Erwachsenen lernen können, dass und wie Gewaltlosigkeit funktioniert, dann haben sie eine gute Orientierung für Beziehungen und Partnerschaften, die auf gegenseitigem Respekt statt auf Dominanz und Unterordnung beruhen.

Kinder haben ein Recht auf eine gewaltfreie Erziehung

Zum Thema Erziehung galten bis vor einiger Zeit Maximen wie »Wer sein Kind liebt, der züchtigt es!« oder: »Wer nicht hören will, muss fühlen!« Solche Überzeugungen legitimierten über Generationen Gewalt gegen Kinder. Körperliche Strafen galten bis in die sechziger und siebziger Jahre als sinnvolles und wirksames Erziehungsmittel, auch wenn nicht alle Eltern davon Gebrauch machten. Nach und nach wandelte sich jedoch die Einstellung gegenüber körperlichen Strafen und mündete in entsprechende Gesetze: Seit 1960 verbietet das Jugendarbeitsschutzgesetz, Kinder und Jugendliche in Ausbildungsverhältnissen körperlich zu züchtigen. 1972 wurde die Prügelstrafe an Schulen abgeschafft, 1980 erklärte ein Passus im Bürgerlichen Gesetzbuch »entwürdigende Erziehungsmaßnahmen« von Eltern gegenüber ihren Kindern als unzulässig. Dabei blieb allerdings offen, was unter »entwürdigend« zu verstehen sei, und das stellte sich in der Folgezeit immer wieder als Problem heraus. Das Gesetz hatte den Unterschied zwischen »Erziehung« und »Misshandlung« nicht genau definiert. Diese Grauzone ließ Platz dafür, bestimmte Übergriffe weiterhin zu rechtfertigen.

Ende der achtziger Jahre machte die Zeitschrift *Eltern* eine Umfrage zum Erziehungsverhalten. Ihre Ergebnisse zeigten, dass es noch für viele Eltern dieser Generation einigermaßen selbstverständlich war, bei der Kindererziehung auch körperliche Strafen einzusetzen. Damals sagten die meisten Eltern, dass sie ihre Kinder manchmal schlagen. Fast die Hälfte der Befragten war der Meinung, Kinder könnten durchaus einen Klapps vertragen. Immerhin zwölf Prozent fanden sogar, dass manchmal eine Tracht Prügel angebracht sei, z. B. um »Ungehorsam« zu bestrafen.[58] Und die Ergebnisse verschiedener Studien aus den neunziger Jahren lassen sich so zusammenfassen: Etwa drei Viertel der Kinder und Jugendlichen bekamen Klappse und Ohrfeigen, ungefähr ein Drittel auch Schläge, etwa zwanzig Prozent wurde von den Eltern sogar mit der Faust oder mit Gegenständen verprügelt oder noch schlimmer misshandelt.

Heute halten die meisten Erwachsenen solche »Erziehungsmethoden« nicht mehr für legitim, sondern für falsch und schädlich. Im Jahr 2000 hat die Bundesregierung dann auch ein Gesetz verabschiedet, das diesem Bewusstseinswandel Rechnung trägt: Kinder haben ein Recht auf eine Erziehung ohne Gewalt – nicht nur ohne körperliche, sondern auch ohne seelische Misshandlungen.

»Kinder haben ein Recht auf gewaltfreie Erziehung. Körperliche Bestrafungen, seelische Verletzungen und andere entwürdigende Maßnahmen sind unzulässig.«

§ 1631 (2) Bürgerliches Gesetzbuch

Eine erste Überprüfung der Wirkungen dieses Gesetzes hat gezeigt: Nicht nur die *Einstellungen* haben sich positiv entwickelt. Für das konkrete *Handeln* lassen sich mit einiger Vorsicht ebenfalls Fortschritte feststellen. Die Zeit seit Einführung des Gesetzes ist zwar zu kurz, als dass man eindeutige Entwicklungen nachweisen könnte, aber eine positive Tendenz wird sichtbar: Körperliche und seelische Übergriffe sind in den meisten Familien in den letzten Jahren tatsächlich zurückgegangen. Das sagen nicht nur Mütter und Väter von sich, das bestätigen auch Kinder und Jugendliche. Aber es gibt auch eine schlechte Nachricht: In jeder fünften Familie, so schätzen Experten, üben die Eltern immer noch regelmäßig Gewalt aus. Wenn man diese Angaben auf die Gesamtzahl von Kindern und Jugendlichen in der Bundesrepublik hochrechnet, muss man davon ausgehen, dass von den insgesamt ca. 12 Millionen Jungen und Mädchen unter 18 Jahren etwa 2 bis 3 Millionen mindestens einmal im Leben in der Familie misshandelt wurden.

Gewalt gegen Kinder ist also längst nicht passé. Aber sie geht zurück. Im Vergleich zu früheren Jahrzehnten hat ein echter Wertewandel stattgefunden. Experten schätzen, dass sich dieser Trend in Zukunft fortsetzen wird. Sie gehen allerdings auch davon aus, dass der Wandlungsprozess Zeit braucht und sich über mehrere Generationen erstrecken wird.

Erziehung ohne Gewalt = Erziehung gegen Gewalt

Gewaltfrei erzogene Kinder werden als Erwachsene besser in der Lage sein, Stress- und Konfliktsituation mit friedlichen Mitteln zu lösen – innerhalb und außerhalb der Familie. In dieser Überzeugung gründet die Forderung nach gewaltfreier Erziehung. Erziehungswissenschaftler und Kinderpsychologen haben ein weiteres –

eher pragmatisches – Argument gegen Gewalt: Sie haben beobachtet – und das ist für Mütter und Väter möglicherweise eine Überraschung: Körperliche Strafen nützen so gut wie nichts. Viele Eltern haben zwar das Gefühl, dass Reden manchmal nichts nützt und dass ihr Sohn oder ihre Tochter erst durch einen Klapps begreifen, worum es geht. Aber dieser Eindruck täuscht oft. Möglicherweise haben der Sohn oder die Tochter zwar getan, was sie sollten. Aber was sie vermutlich vor allem begreifen, ist, wie das Recht des Stärkeren funktioniert und dass im Ernstfall Konflikte mit Gewalt gelöst werden.

»Wenn Sie Ihr Kind beschimpfen, weil es Sie soeben ›blöde Kuh‹ genannt hat, lernt es wohl kaum, auf gemeine Ausdrücke zu verzichten. Wenn Sie Ihrem Sohn einen Legostein an den Kopf werfen, weil er damit geworfen hat, lernt er bestenfalls, Gleiches mit Gleichem zu vergelten. Wenn Sie Ihre Tochter schlagen, weil sie ihren kleinen Bruder gehauen hat, wird sie sich fragen, ob man nicht doch schlagen darf. Man darf sich nur nicht erwischen lassen ...«[59]

Auch wenn Eltern wissen, dass Gewalt ihren Kindern nicht gut tut, wissen sie noch nicht unbedingt, wie sie es anders machen können, wenn Stress und Konflikte auftauchen. Das Beispiel Skandinavien zeigt jedoch, dass es gelingen kann. In Schweden wurde das Recht auf gewaltlose Erziehung schon 1979 eingeführt. Auch in Finnland, Dänemark und Norwegen sowie in Österreich gibt es seit den achtziger Jahren Gesetze, die körperliche und seelische Gewalt gegen Kinder ausdrücklich verbieten. Seitdem ist die Zahl der Eltern, die ohne körperliche Strafen erziehen, kontinuierlich angestiegen. In Schweden wachsen heute 80 Prozent der Kinder ohne Ohrfeigen etc. auf – schwedische Eltern haben also tatsächlich Alternativen gefunden.

Gewaltfreie Erziehung lernen

Im Alltag geraten viele Mütter und Väter an die Grenzen ihres Erziehungsideals. Weil sie Gewalt vermeiden wollen, reagieren sie bei

Auseinandersetzungen lange nachgiebig. Sie lassen die Dinge laufen, bis sie es nicht mehr aushalten können. Dann beschimpfen oder schlagen sie die Kinder doch – und sind im Nachhinein erschrocken und verstört über das eigene Verhalten. Voller Schuldgefühle oder als Wiedergutmachung lassen sie ihren Kindern danach wieder vieles durchgehen, bis beim nächsten Mal ein Punkt erreicht ist, an dem sie sich nicht anders zu helfen wissen als mit Brüllen oder Schlägen. Diese Abfolge von Nachgiebigkeit und Strafen ist ein typischer Kreislauf, in den viele Eltern geraten, die körperliche und seelische Gewalt als Erziehungsmittel eigentlich ablehnen – vielleicht auch deshalb, weil bisher kaum anschauliche und lebensnahe Vorbilder dafür existieren, wie Eltern Konflikte mit Kindern lösen können, ohne ihre Macht zu missbrauchen.

Eine gute Unterstützung können Elternkurse bieten, die von Jugendämtern, Kinderschutzeinrichtungen, Familienbildungsstätten und Beratungsstellen angeboten werden. Gewaltfreiheit ist ein wichtiges Thema dieser Kurse. Es geht um Kommunikationsformen und Handlungsweisen, die in Konflikten und Krisen helfen, den Bedürfnissen der Kinder gerecht zu werden, ohne dabei Regeln für das Zusammenleben und die eigenen Erziehungsziele aus den Augen zu verlieren.

> Die meisten Elternkurse bieten Informationsmaterialien, aber vor allem Übungen und Gespräche rund um das Thema Erziehung – eine Mischung aus Theorie und Praxis. Am bekanntesten (und wissenschaftlich überprüft) sind diese Ansätze:
> - *STEP – Systemisches Training für Eltern* beruht auf einem amerikanischen Elterntrainingsprogramm. Es wird als Gruppenseminar angeboten, interessierte Eltern können sich alternativ mit Hilfe eines Elternhandbuchs und eines Videos die Inhalte selbst aneignen. www.instep-online.de.
> - *»Starke Eltern – starke Kinder«* fußt auf einem finnischen Vorbild und wurde vom Kinderschutzbund Aachen für hiesige Verhältnisse angepasst. Das Bundesfamilienministerium hat bis 2002 die Ausbildung von Kursleiterinnen und Kursleitern finanziell gefördert

und damit ermöglicht, das Programm an vielen Orten in der Bundesrepublik durchzuführen. www.starkeeltern-starkekinder.de.
- *Triple P - Positives Erziehungsprogramm* wurde in Australien entwickelt und wird in der Bundesrepublik von Familienbildungsstätten, Erziehungsberatungsstellen etc. organisiert. Zu dem Angebot gehören neben Elternkursen und Einzelberatungen Broschüren und Filme für Eltern von Kindern bis zum Teenageralter.
www.triplep.de und www.triplep.ch.

Weder »Macho« noch »Mäuschen«: Erziehungsziele für Jungen und Mädchen

Wir wissen, dass schwere Gewalt in Beziehungen zu mehr als 90 Prozent von Männern ausgeübt und von Frauen erlitten wird, und wir wissen, dass Jungen und Männer häufiger kriminell und gewalttätig werden als Mädchen und Frauen. Das sind zwei sehr überzeugende Argumente dafür, bei Jungen und Männern anzusetzen, um Gewalt zu reduzieren und zu verhindern. Wir wissen auch, dass Gewalt kein genetisch programmiertes, sondern ein erlerntes Verhalten ist. Darum ist es sinnvoll, mit den Gegenstrategien dort anzusetzen, wo Lernprozesse am intensivsten sind – in der Kindheit und Jugend. Das heißt nicht, dass Erwachsene nicht auch dazu oder umlernen können. Aber auch hier gilt: je früher, desto besser.

Das Thema ist nicht grundsätzlich neu. Seit gut zwanzig Jahren kreisen Pädagogik und Sozialwissenschaft um die Frage, wie Jungen zu »neuen Männern« werden können. Zu Männern, die Männlichkeit nicht mit Überheblichkeit und Respektlosigkeit verwechseln und die selbstbewusst und gleichberechtigt mit Frauen die Verantwortung für ihre Kinder teilen. Das scheint ein langer Weg zu sein. Denn trotz vieler Diskussionen und Appelle änderte sich die Realität der Aufgabenteilung in der Familie und in der Gesellschaft insgesamt nur langsam. Inzwischen haben sich die Vorzeichen der Diskussion verändert, es sind neue Fragen und Widersprüche aufgetaucht. Anfangs ging es darum, die Gleichberechtigung von Frauen zu verwirklichen und Benachteiligungen für Mädchen abzubauen. Im Mittelpunkt der Debatte standen das dominante Verhalten von Männern und Jungen und das Sich-Zurückziehen von Mädchen und Frauen: Jungen und Männer sollten ihre Privilegien aufgeben, um Platz für benachteiligte Mädchen und Frauen zu machen. Heute dagegen gelten eher die Jungen als »Sorgenkinder«. Erziehungswissenschaftler und Bildungspolitiker haben erkannt, dass Jungen mit den Anforderungen in Schule und Gesellschaft oft nur schwer klar kommen. Neuerdings ist oft von Jungen als »schwachem Geschlecht« die Rede, es scheint, dass nicht Mädchen und Frauen, sondern vor allen die Jungen und Männer es heutzutage schwer haben, ihren Platz in der Gesellschaft zu finden.

Die Diagnose lautet: Bei der Suche nach Identität und Lebensperspektiven kommen für Jungen offenbar mehrere Schwierigkeiten zusammen. Erstens: Es gibt nur wenige Männer, an denen Jungen und junge Männer sich orientieren könnten. Väter sind nach wie vor seltener zu Hause als Mütter und seltener als Vorbild greifbar. Nur ein Bruchteil der Männer übernimmt auch nur zeitweise die volle Erziehungsverantwortung – die offiziellen Angaben über Väter in Elternzeit schwanken zwischen zwei und fünf Prozent. Und auch außerhalb der Familie sind Männer Mangelware. In Kindertagesstätten und Grundschulen, aber auch in den weiterführenden Schulen dominieren Frauen. Während Mädchen hier eine ganze Reihe von unterschiedlichen Rollenmodellen finden, sind Jungen darauf angewiesen, die fehlenden Männer durch andere Vorbilder zu ersetzen: Sie orientieren sich zum Beispiel an Figuren aus Filmen und Werbung oder an gleichaltrigen und älteren Jungen.

Viele Jungen verbinden Männlichkeit vor allem mit Attributen wie körperlicher Stärke, Durchsetzungsfähigkeit und Erfolg. In ihrer Fantasie sind Männer wehrhaft und überlegen. Diese Vorstellungen können in der Realität auf eine harte Probe gestellt werden. Der Nationale Bildungsbericht von 2006 hat ergeben, dass immer mehr Jungen in der Schule scheitern. Zwei Drittel aller Schulabbrecher sind männlich, sie schwänzen häufiger als Mädchen und bleiben öfter sitzen. Dagegen sind inzwischen 56 Prozent der Abiturienten weiblich.

Auch in der Arbeitswelt hat sich einiges verändert: Frauen haben deutlich Terrain dazugewonnen. Sie sind häufiger als früher berufstätig und sie sind dabei in ehemals klassische Männerberufe vorgestoßen. Heute ist es nichts Besonderes mehr, wenn Frauen Busse oder Straßenbahnen fahren, männliche Schreibkräfte oder Arzthelfer werden jedoch nach wie vor kaum gesichtet. Frauen profitieren unter bestimmten Aspekten mehr als Männer vom Wandel der Industrie- zur Dienstleistungsgesellschaft. Traditionell von Männern besetzte Produktions- und Facharbeiterjobs gehen zurück, »weibliche« Arbeitsplätze im Servicebereich nehmen zu. In den letzten Jahrzehnten ist die Erwerbstätigkeit von Frauen ständig angestiegen, seit den siebziger Jahren von 48 auf 65 Prozent. Die Erwerbsquote der Männer ist im gleichen Zeitraum auf unter 80 Prozent gesunken. Seit 1991 sind 1,9 Millionen Männerarbeitsplätze abgebaut worden, Frauen gewannen in dieser Zeit 1,4 Millionen Jobs hinzu.[60] Allerdings: Fast die Hälfte der Frauen arbeitet in Teilzeit, sie verdienen weniger als Männer, haben weniger Karriereaussichten und oft eine zu geringe soziale Absicherung.

Die Verhältnisse zwischen den Geschlechtern haben sich keineswegs umgekehrt. Die gesellschaftliche Dominanz von Männern ist nicht aufgehoben, ins Wanken gekommen ist sie allerdings schon. Das ist vor allem für Jungen und junge Männer problematisch. Sie spüren, so stellen Jungenforscher fest, dass ihre Chancen schwinden, den traditionellen Anforderungen eines Männerlebens nach beruflicher Karriere und materiellem Erfolg gerecht zu werden. Sie fühlen sich verunsichert von weiblicher »Konkurrenz« und zunehmender Arbeitslosigkeit, und – so befürchten die Experten – sie maskieren ihre Zukunfts- und Versagensängste im schlechtesten Fall mit überbordendem Männlichkeitsgehabe, mit aggressiven Posen oder gar Gewalttätigkeit.

Kein Weichei sein?!

Es ist noch nicht allzu lange her, da wusste jeder ziemlich genau, wie ein richtiger Junge zu sein hat: durchsetzungsfähig, mutig, gern auch ein bisschen aufmüpfig. Wenn sie sich prügelten und beim

Nachbarn Äpfel klauten, vielleicht sogar auch noch übergriffig gegenüber Mädchen waren, wurde das billigend in Kauf genommen. Im Grunde gingen alle davon aus, dass solche Dinge bei einem »richtigen« Jungen einfach dazugehören. Heute ist das nicht mehr so klar – die Erwartungen an männliches Verhalten haben sich verändert. Ein Junge soll einerseits stark und durchsetzungsfähig sein, aber er soll sich dabei nicht wie Rambo benehmen. Aktiv, risiko- und bewegungsfreudig sollen Jungen ebenfalls sein, aber nicht als Zappelphilipp auffallen. Außerdem sollen Jungen sensibel sein, kommunikativ und sozial kompetent, aber selbstverständlich keine Heulsusen oder Weicheier.

Die Anforderungen an die »neuen Männer« sind also hoch. Keine Frage: Für Jungen ist es komplizierter geworden. Sie sind damit allerdings – anders als manche Äußerungen in der »Arme-Jungen«-Diskussion es nahelegen – keineswegs allein. Auch für Mädchen und junge Frauen haben sich die Rollenvorstellungen in den letzten Jahrzehnten verändert und erweitert. Neben althergebrachten »weiblichen« Tugenden wie Fürsorglichkeit und Hilfsbereitschaft wird von ihnen heutzutage zusätzlich Durchsetzungsfähigkeit und Tatkraft erwartet, auch sie sollen kommunikativ und kompromissbereit, gleichzeitig aber selbstbewusst sein. Auf den ersten Blick unterscheiden sich die Anforderungen an beide Geschlechter also nicht wesentlich, auf den zweiten gibt es aber doch eine entscheidende Differenz: Mädchen können Mamas Nagellack und Papas Werkzeugkasten benutzen, sie können zum Ballettunterricht gehen und Fußball spielen, und sie können später Arzthelferin oder Mechatronikerin werden. Werkzeugkasten, Fußball und die Ausbildung in einem technischen Beruf gelten gemeinhin als interessante Bereicherung weiblicher Lebensperspektiven. Mütter, Väter, Großeltern und Lehrer/innen unterstützen solche Mädchen oft nach Kräften. Für Mädchen und junge Frauen bedeutet die Eroberung männlicher Domänen eine zusätzliche Entfaltungsmöglichkeit. Sie haben die Wahl die zwischen Jeans und Rüschenkleid, und in dem Satz »Sie benimmt sich wie ein Junge« schwingt immer ein bisschen Stolz, Bewunderung oder Respekt mit.

Für Jungen bedeuten Nagellack, Ballettunterricht und die Ausbildung in einem klassischen Frauenberuf jedoch normalerweise keinen Gewinn, das alles kommt für sie einfach nicht Frage – und zwar nicht nur in ihrer eigenen Sicht, sondern auch nach dem Verständnis vieler Erwachsener. Was bei Mädchen eine Bereicherung darstellt, scheint bei Jungen eher eine Gefährdung (ihrer Männlichkeit) zu sein: Mädchen können ihren Status verbessern, wenn sie männliche »Lebensräume« erobern. Bei Jungen dagegen wird der Einstieg in weibliche Domänen in der Regel als Abstieg interpretiert: So berichtet die Psychologin Eva Zeltner aus ihrer Praxis:

»Eine Mutter erzählte mir besorgt, der fünfjährige Andy habe eine Vorliebe für pinkfarbene Pantöffelchen und rosa Schuhe. Zu Hause ginge das ja noch an, für den Kindergarten verbiete sie ihm das Tragen dieses Schuhwerks. Sie wolle doch nicht, dass Andy zum Gespött werde.«[61]

Jungen wird ein allzu deutliches Interesse an »weiblichen« Themen und Tätigkeiten auch heute noch schnell negativ ausgelegt. Und der Satz »Er benimmt sich wie ein Mädchen« klingt manchmal vielleicht amüsiert, vermutlich aber besorgt oder mitleidig, oft auch verächtlich – und auf keinen Fall anerkennend.

Bleibt für Jungen also nur der Rückzug in die angestammten Männerreservate, um ihr Selbstwertgefühl zu erhalten? Unter Fachleuten sind die Meinungen geteilt: Einige Experten warnen, dass immer mehr Jungen gewalttätig werden, weil traditionelle Vorstellungen von Männlichkeit sich auflösen und Jungen die wachsenden »Konkurrenz« der Mädchen spüren. Frank Beuster, Autor des Buchs *Die Jungenkatastrophe* befürchtet: »Die haben dann das Gefühl, das Patriarchat ist am Ende, die Mädchen sind auf der Überholspur. Das muss das Ego irgendwie kompensieren.«[62] Andere Forscher sehen die Aussichten weniger dramatisch. Sie haben Jungen befragt und herausgefunden, dass die meisten etwas ratlos, manchmal auch desinteressiert auf die Frage reagieren, was Männlichkeit auszeichnet und wie Männer sein sollten: Für viele Jungen spielen traditionelle Vorstellungen über Mannsein keine große Rolle. Sie kennen die Klischees vom Kämpfer, Helden und Beschützer, messen ihnen aber keine große Bedeutung bei oder distanzieren sich sogar ausdrücklich davon. Sie nehmen solche Bilder zwar wahr, zum Beispiel bei den Helden der Unterhaltungsmedien, sie nutzen sie aber nicht als Orientierung für ihr eigenes Handeln. Sie betonen stattdessen, dass sie »normal« sein wollen, nicht zu auffällig und nicht zu markant männlich.

Und wo geht's lang?

Wenn man Eltern fragen würde, ob man Jungen und Mädchen gleich behandeln sollte, antworteten vermutlich die meisten: »Selbstverständlich!« Und wären felsenfest davon überzeugt, es auch zu tun. Tatsächlich jedoch behandeln wir Mädchen und Jungen von Anfang an unterschiedlich. Das geschieht in der Regel unbewusst. So reden Mütter und Väter nachweislich häufiger mit weiblichen Babys. Dafür wird mit kleinen Jungs mehr getobt. Dass wir Mädchen und Jungen »automatisch« unterschiedlich behandeln, weil wir vermeintliche Unterschiede wahrnehmen, ist in vielen psychologischen Tests nachgewiesen.[63] Zwei Beispiele machen das besonders deutlich:

- Britische Wissenschaftler ließen Erwachsene mit ihnen unbekannten Babys spielen. Das Besondere: Die weiblichen Babys trugen typische Jungenkleidung und umgekehrt. Die Testpersonen reichten den rosa gekleideten Jungen Puppen und gingen vorsichtiger und zärtlicher mit ihnen um als mit den vermeintlichen Jungen – die in Wirklichkeit Mädchen waren.
- In einer anderen Untersuchung wurde zwei Erwachsenengruppen das gleiche Baby gezeigt. Beide Gruppen wurden gebeten, Verhaltensweisen und Eigenschaften des Kindes zu beschreiben. Dabei wurde der einen Gruppe die Information gegeben, bei dem Kind handle es sich um ein Mädchen, der anderen wurde gesagt, dass es ein Junge sei. Die anschließenden Beschreibungen fielen vollkommen unterschiedlich aus: Die eine Gruppe beschrieb das »Mädchen« als lieb, hübsch, artig und ruhig, die andere Gruppe stellte den »Jungen« als kräftig, stark und eher unruhig dar.

Im Ansatz können wir dieses Verhalten auch im Alltag erleben: Wenn im Freundes- oder Familienkreis ein Baby geboren ist, erkundigen wir uns meist zunächst nach dem Geschlecht – um das Kind dann entsprechend anzureden. Schon bevor sich ein Kind selbst als Junge oder Mädchen begreifen kann, beeinflussen – in der Regel ungewollt und unbewusst – unsere Vorstellungen, wie wir mit einem Kind umgehen. Gleichbehandlung ist ein guter Vorsatz, in Wirklichkeit aber passiert etwas anderes, und zwar von Anfang an und praktisch überall. In der Familie, im Kindergarten und in der Schule werden Mädchen und Jungen vor allem in solchen Verhaltensweisen gefördert, die für ihr Geschlecht als typisch und normal gelten. Auf diese Weise entwickeln sie auf die Dauer bestimmte Fähigkeiten und Stärken. In den Bereichen, die als untypisch für sie gelten, findet umgekehrt keine oder nur wenig Förderung statt. Dabei heraus kommt höchstwahrscheinlich ein typisches Mädchen oder ein typischer Junge – mit typisch weiblichen bzw. typisch männlichen Stärken und Schwächen.

Bei Mädchen werden häufig versorgende und fürsorgliche Verhaltensweisen anerkannt und gelobt, ihre Stärke ist es deshalb, dass sie einfühlsam mit anderen umgehen und sich rücksichtsvoll und verantwortungsbewusst verhalten. Wenn Mädchen sich dagegen fordernd und aggressiv benehmen, kann es passieren, dass sie viel eher zur Ordnung gerufen werden als Jungen. Offene Selbstbehauptung fällt Mädchen deswegen oft schwer. Viele von ihnen versuchen stattdessen, ihre Interessen durch indirekte Manöver durchzusetzen, zum Beispiel, indem sie Erwachsene einschalten. Oder sie passen sich den Wünschen oder Forderungen anderer an, bevor sie es auf einen Streit ankommen lassen. Jungen wird im Unterschied dazu meistens sehr viel Raum für Aktivität und Ausprobieren gelassen, was ihre Durchsetzungsfähigkeit stärkt. Dafür werden ihre sozialen Kompetenzen weniger gefordert und gefördert – mit dem Ergebnis, dass sie weniger als Mädchen auf andere eingehen können und in Konflikten dominant und rücksichtslos auftreten. Was bei Mädchen als positiv bewertet wird – Zurückhaltung, Nachgiebigkeit und Bereitschaft zu Kompromissen – gilt bei Jungen als Schwäche. Hier zeigt sich ein weiteres Mal: Geschlechtstypische

Unterschiede sind vor allem ein Ergebnis der Erwartungen und Zuschreibungen von Seiten der Erwachsenen und keine angeborene Eigenschaften.

Um solche Rollenstereotypen zu überwinden, müssen Erwachsene – Mütter, Väter, Erzieher/innen, Lehrkräfte und alle anderen, die Kinder erziehen – diese Mechanismen erkennen und verändern. Auch hier liegt ein eine große Chance für die Vorbeugung von Gewalt. Wir müssen unsere Vorstellungen von Mädchen- und Jungenverhalten überprüfen und verhindern, dass Kinder in Rollenerwartungen stecken bleiben, die ihre Entwicklung, ihre Kommunikations- und Handlungsmöglichkeiten einschränken. Natürlich ist es gut, wenn Mädchen kompromissfähig und nachgiebig sind. Aber sie brauchen gleichzeitig die Fähigkeit, eigene Interessen selbstbewusst und entschieden vertreten zu können – zum Beispiel, damit sie sich erfolgreich und effektiv gegen Zumutungen, Grenzverletzungen und Übergriffe wehren können, statt sie zu über sich ergehen zu lassen. Es ist selbstverständlich auch vollkommen in Ordnung, wenn Jungen sich durchsetzen können. Sie müssen aber lernen, das nicht auf Kosten anderer zu tun oder bei Stress und Konflikten automatisch mit Herabsetzungen, Machtdemonstrationen oder gar Gewalt zu reagieren. Und es sollte ihnen nicht als unmännlicher Makel oder Versagen ausgelegt werden, wenn sie selbst Hilfe brauchen.

Es geht nicht darum, Mädchen und Jungen gleich zu machen. Warum sollen sie nicht unterschiedlich sein? Übrigens sind ja auch nicht alle Mädchen und alle Jungen gleich: Es gibt laute und leise, wilde und zurückhaltende, temperamentvolle und stille Jungen und Mädchen. Es geht vielmehr darum, dass sie die gleichen Chancen bekommen, ihre Persönlichkeit und ein möglichst breites Spektrum von sozialen und emotionalen Fähigkeiten zu entwickeln: Kooperationsbereitschaft *und* Durchsetzungsfähigkeit, Einfühlungsvermögen *und* Selbstbewusstsein. Keine dieser Fähigkeiten ist an ein Geschlecht gebunden – und jede ist eine gute Voraussetzung dafür, ohne Gewalt leben zu können, weder Gewalt auszuüben noch sie tatenlos zu dulden.

Schluss: Vorbeugung geht alle an

Gewalt in Beziehungen ist keine Privatsache – sie betrifft nicht nur die Opfer und die Täter, sondern die gesamte Gesellschaft. Gewalt ist ein Angriff auf die Integrität und die Grundrechte der Opfer – sie ist Unrecht. Und sie kann immenses Leid bei denen anrichten, die Gewalt erleben oder miterleben. Das Ausmaß dieses Leids lässt sich unterschiedlich ausdrücken, auch in Zahlen: Die Frauenrechtsorganisation *Terre des Femmes* hat ermittelt, dass häusliche Gewalt die Gesellschaft jährlich 14,8 Milliarden Euro kostet – für die Arbeit von Polizei, Justiz und Opferhilfeeinrichtungen und bei der Behandlung der gesundheitlichen und psychischen Folgen auf Seiten der betroffenen Frauen.

Um das Unrecht der Gewalt in Beziehungen zu bekämpfen, hat der Staat mit entsprechenden Gesetzen deutlich gemacht, dass Opfer ein Recht auf Hilfe, Unterstützung und Wiedergutmachung haben. Damit ist Gewalt offiziell geächtet. Dennoch: Das Ausmaß der Gewalt in Beziehungen ist immer noch sehr groß, Gewalt ist immer noch alltäglich. Wer Gewalt erlebt, hat es noch immer schwer, Verständnis und Hilfe zu finden. Denn es existieren nach wie vor Vorstellungen, die Gewalt verharmlosen oder verleugnen und damit die Opfer zum Schweigen verurteilen und den Tätern helfen, Übergriffe zu vertuschen. Gute Gesetze allein können also die Gewalt nicht aus der Welt schaffen. Sie sind aber eine wichtige Grundlage dafür.

Was wir zusätzlich zu den Gesetzen brauchen, sind mehr Aufmerksamkeit für das Thema insgesamt und die Bereitschaft, Hinweise auf Gewalt auch im eigenen Alltag ernst zu nehmen. Wir müssen uns bewusst machen, dass Gewalt mitten unter uns existiert, und uns darüber klar werden, dass sie nicht nur »die anderen« betrifft, sondern nicht selten auch uns selbst, die eigene Nachbarin, die eigene Kollegin, die eigene Freundin. Wir müssen sensibel werden für verschiedene Formen von Gewalt, und wir sollten lernen, ihre ersten Anzeichen zu erkennen – und anzusprechen.

Darin steckt zum einen eine Herausforderung, die jede und jeden einzeln betrifft: Wenn uns Gewalt in der eigenen Beziehung oder im eigenen Umfeld begegnet, sind Selbstbehauptung und Zivilcourage gefragt. Es geht darum zu lernen, selbstbewusst zu reagieren und uns entschieden zu wehren, wenn unsere Grenzen verletzt werden – oder die Grenzen von jemand anderem. Denn jedes Mal, wenn jemand sich wehrt oder eingreift, wird Gewalt beendet. Und das kann zusätzliche Wirkungen haben: Oft werden durch die Gegenwehr auch andere Menschen ermutigt, sich die Gewalt in ihrem Leben nicht länger gefallen zu lassen.

Gewalt zu verhindern ist zum anderen aber auch eine gesellschaftliche Aufgabe: Wir sollten uns dafür einsetzen, dass Kinder ohne Gewalt erzogen werden. Erstens, weil das ein Menschenrecht ist, und zweitens, weil wir damit verhindern, dass sie potenzielle Opfer oder Täter werden. Wir sollten außerdem dafür sorgen, dass Jungen und Mädchen verstehen lernen, wie sehr Freundschaften und Beziehungen auf gegenseitigem Respekt basieren, und dass sie begreifen, wie zerstörerisch es ist, wenn Partnerschaften auf Dominanz und Unterwerfung gegründet werden. Zur Vorbeugung von Gewalt gehört deshalb auch, dass Frauen und Männer gesellschaftlich gleichgestellt sind und nicht mit unterschiedlichen Maßstäben gemessen werden. Denn es fördert Gewalt, wenn von Frauen vor allem Nachgiebigkeit und Anpassungsbereitschaft erwartet wird und wenn es Männern nachgesehen wird, wenn sie rücksichtslos und brutal Macht ausüben.

Die Vorbeugung gegen Gewalt ist – leider – kein Projekt, das von heute auf morgen verwirklicht werden kann. Aber: Je mehr Menschen sich heute dieser Herausforderung stellen, desto größer ist die Chance, dass es ab morgen weniger Gewalt, weniger Opfer und Täter gibt. Dieses Buch trägt hoffentlich dazu bei, viele Menschen zu ermutigen, die Herausforderung anzunehmen und Gewalt nicht mehr zu dulden – nicht gegen sich selbst und nicht gegen andere.

Anhang

Anmerkungen

1 Vgl. Bundesministerium für Umwelt, Jugend und Familie (Hg.): Gewalt gegen Frauen, Teil 1. Wien 1991.
2 Vgl. Schweizerische Konferenz der Gleichstellungsbeauftragten (Hg.): Beziehung mit Schlagseite. Gewalt gegen Frauen in Ehe und Partnerschaft. eFeF, Wettingen 1997.
3 Schröttle, Monika / Müller, Ursula: Lebenssituation, Sicherheit und Gesundheit von Frauen in Deutschland. Eine repräsentative Untersuchung zu Gewalt gegen Frauen in Deutschland. Hg. vom Bundesministerium für Familie, Senioren, Frauen und Jugend. Berlin 2004.
4 Zitiert nach: Siegmund-Schultze, Nicola: Häusliche Gewalt – Schlachtfeld Familie. In: Süddeutsche Zeitung, 9.8.2005. www.sueddeutsche.de/‚trt3m1/wissen/artikel/349/58291.
5 Aus: Schröttle/Müller: Lebenssituation, Sicherheit und Gesundheit von Frauen in Deutschland, S. 13–14.
6 Bundesministerium für Familie, Senioren, Frauen und Jugend (Hg.): Gewalt gegen Männer – Personale Gewaltwiderfahrnisse von Männern in Deutschland. Bonn 2004.
7 Rendell, Ruth: Das Verderben. Blanvalet, München 2000, S. 57.
8 In allen Beispielen, die in diesem Buch genannt werden, sind die Namen fiktiv und die Details verändert, auch dort, wo dies nicht ausdrücklich angegeben ist. Die Namen der Betroffenen in den Presseberichten wurden anonymisiert.
9 Vgl. Hirigoyen, Marie-France: Warum tust du mir das an? Gewalt in Partnerschaften. C. H. Beck, München 2006.
10 Nds. Ministerium für Soziales, Frauen, Familie und Gesundheit: Ohne Gewalt leben – Sie haben ein Recht darauf! Hannover 2002, ohne Seitenzählung.
11 Hirigoyen: Warum tust du mir das an? S. 25.
12 www.un.org/depts/german/wiso/mr_1.html.
13 Vgl. Szczesny-Friedmann, Claudia: Du machst mich noch verrückt. Psychoterror in Beziehungen. Rowohlt, Hamburg 2000, S. 200/201.
14 Vgl. Hoffmann, Jens: Stalking. Springer, Heidelberg 2006; Knoller,

Rasso: Wenn Liebe zum Wahn wird. Schwarzkopf & Schwarzkopf, Berlin 2005.
15 Zum Beispiel der Roman »Liebeswahn« von Ian McEwan (10. Aufl., Diogenes, Zürich 2000).
16 Hoffmann: Stalking, S. 150–151.
17 Vgl. ebd., S. 149–156.
18 Ausführliche Informationen zum Gewaltschutzgesetz sind im Abschnitt »Recht gegen Faustrecht«, Kapitel 3, S. 108–114, zu finden.
19 Dazu mehr im Abschnitt »Auch Männer können etwas tun ...«, Kapitel 3, S. 140 ff.
20 Vgl. Schröttle/Müller: Lebenssituation, Sicherheit und Gesundheit von Frauen in Deutschland, S. 262.
21 Ebd., S. 261.
22 Vgl. ebd., S. 262.
23 Vgl. ebd., S. 265–267.
24 Nach: Walker, Leonore: The Battered Woman Syndrome. Springer, New York 1984.
25 Aus: Schröttle/Müller: Lebenssituation, Sicherheit und Gesundheit von Frauen in Deutschland, S. 269.
26 Vgl. Gender-Datenreport, im Auftrag des Bundesministeriums für Familie, Senioren, Frauen und Jugend. Hg. von Waltraud Cornelißen, erstellt durch das Deutsche Jugendinstitut in Zusammenarbeit mit dem Statistischen Bundesamt. München 2005, S. 660.
27 Otten, Dieter: MännerVersagen. Über das Verhältnis der Geschlechter im 21. Jahrhundert. Lübbe, Bergisch Gladbach 2000, S. 43.
28 Pfeiffer, Christian: Machos, die Feinde der Menschheit. In: DIE ZEIT, 11. 4. 2001, S. 9.
29 Dazu mehr im Abschnitt »Auch Männer können etwas tun ...«, Kapitel 3, S. 140 ff.
30 Vgl. Pressemitteilung des Bundesministeriums für Familie, Senioren, Frauen und Jugend vom 22. März 2004. www.bmfsfj.de.
31 Vgl. Wetzels, Peter: Gewalterfahrungen in der Kindheit. Sexueller Missbrauch, körperliche Misshandlung und deren langfristige Folgen. Nomos, Baden-Baden 1997, S. 191–193.
32 Vgl. Campbell, Anne: Zornige Frauen, wütende Männer. Wie das Geschlecht das Aggressionsverhalten beeinflusst. S. Fischer, Frankfurt a. M. 1995.
33 Vgl. Schröttle/Müller: Lebenssituation, Sicherheit und Gesundheit von Frauen in Deutschland, S. 15–17.
34 Glammeier, Sandra / Müller, Ursula / Schröttle, Monika: Lebenssitua-

tion, Sicherheit und Gesundheit von Frauen in Deutschland. Unterstützungs- und Hilfebedarf aus der Sicht gewaltbetroffener Frauen. Hg. vom Bundesministerium für Familie, Senioren, Frauen und Jugend. Berlin 2004, S. 25.
35 Schweizerische Konferenz der Gleichstellungsbeauftragten (Hg.): Beziehung mit Schlagseite. Gewalt gegen Frauen in Ehe und Partnerschaft. eFeF, Wettingen, S. 61–62.
36 Vgl. Morgan, Susanne: Wenn das Unfassbare geschieht – vom Umgang mit seelischen Traumatisierungen. Kohlhammer, Stuttgart 2003, S. 17–42.
37 Vgl. Jones, Ann / Schechter, Susan: Das ist die wahre Liebe nicht. Was zu tun ist, wenn man nichts mehr machen kann. Rowohlt, Hamburg 1993, S. 51–72.
38 Die Zitate in dieser Passage stammen aus: Strasser, Philomena: »In meinem Bauch zitterte alles« – Traumatisierung von Kindern durch Gewalt gegen die Mutter. In: Kavemann, Barbara / Kreyssig, Ulrike: Handbuch Kinder und häusliche Gewalt. VS Verlag für Sozialwissenschaften, Wiesbaden 2006, S. 54, 56, 58; Kindler, Heinz: Partnergewalt und Beeinträchtigungen kindlicher Entwicklung – Ein Forschungsüberblick. In: ebd., S. 36.
39 Vgl. Kavemann, Barbara: Kinder und häusliche Gewalt, in: Betrifft: Häusliche Gewalt – Arbeitshilfen für die interdisziplinäre Intervention. Hg. vom Nds. Ministerium für Soziales, Frauen, Familie und Gesundheit. Hannover 2003, S. 69.
40 Aus: Lercher, Lisa, u. a. (Hg.): Weil der Papa die Mama haut. Donna Vita, Ruhnmark 1997, ohne Seitenzählung.
41 Transkribiert aus: Kennst Du das auch? Wahre Geschichten von zu Hause. Video. Hg. von BIG – Berliner Interventionszentrale gegen häusliche Gewalt. Berlin.
42 Hinweise dazu stehen im nächsten Abschnitt »Schutz durch die Polizei«, S. 114 ff.
43 Informationen darüber im Internet unter: www.rwh-institut.de.
44 Aus: Glammeier/Müller/Schröttle: Lebenssituation, Sicherheit und Gesundheit von Frauen in Deutschland, S. 72 und S. 71.
45 Im Anhang sind Hinweise und Adressen zusammengefasst.
46 Glammeier/Müller/Schröttle: Lebenssituation, Sicherheit und Gesundheit von Frauen in Deutschland, S. 65 und 71.
47 Informationen über die Hilfeangebote in allen Bundesländern sowie in Österreich und der Schweiz sind im Anhang zusammengefasst.
48 Glammeier/Müller/Schröttle: Lebenssituation, Sicherheit und Gesundheit von Frauen in Deutschland, S. 74 und S. 75.

49 Vgl. ebd., S. 57–59.
50 Glammeier/Müller/Schröttle: Lebenssituation, Sicherheit und Gesundheit von Frauen in Deutschland, S. 58.
51 ... dann könnten Sie noch einmal einen Blick in den Abschnitt über »Vorurteile und Mythen«, Kapitel 1, S. 20 ff., werfen.
52 Helfferich, Cornelia / Kavemann, Barbara / Lehmann, Katrin: Wissenschaftliche Untersuchung zur Situation von Frauen und zum Beratungsangebot nach einem Platzverweis bei häuslicher Gewalt (»Platzverweis: Beratung und Hilfen«). Abschlussbericht des Sozialministeriums Baden-Württemberg. SoFFI K, Freiburg 2004, S. 75–76.
53 Glammeier/Müller/Schröttle: Lebenssituation, Sicherheit und Gesundheit von Frauen in Deutschland, S. 82 und 83.
54 Helfferich/Kavemann/Lehmann: Platzverweis: Beratung und Hilfen, S. 76.
55 Christian Spoden: Grenzen setzen, verantwortlich machen, Veränderung ermöglichen, in: Möglichkeiten und Grenzen der Tätertherapie. Hg. vom Ministerium für Justiz, Gesundheit und Soziales Saarland. Saarbrücken 2004, S. 21.
56 Im Internet unter: www.wibig.uni-osnabrueck.de.
57 Aus: Weißer Ring e. V. (Hg.): Gewaltfreie Erziehung. Mainz 2001, S. 25.
58 Vgl. Günther Deegener: Die Würde des Kindes. Plädoyer für eine Erziehung ohne Gewalt. Beltz, Weinheim/Basel 2000, S. 66.
59 Arbeitskreis Neue Erziehung e. V.: Mit Respekt geht's besser – Kinder gewaltfrei erziehen. Berlin 2005, S. 3.
60 Vgl. Gaschke, Susanne: Ihr Verlierer. In: Die Zeit, 14. Juni 2006, S. 8.
61 Zeltner, Eva: Weder Macho noch Muttersöhnchen. Jungen brauchen eine neue Erziehung. dtv, München 1999, S. 45.
62 In: Lehnartz, Sascha: Der Mann von morgen. Lauter Problembärchen. In: Frankfurter Allgemeine Sonntagszeitung, 30. Juli 2006, S. 45.
63 Vgl. Focks, Petra: Starke Mädchen, starke Jungs – Leitfaden für eine geschlechtsbewusste Pädagogik. Herder, Freiburg 2002.

Adressen – Unterstützung – Informationen

In Deutschland

Die Adressen und Telefonnummern der Beratungsstellen vor Ort kann man in der Regel in den Büros der Frauen- und Gleichstellungsbeauftragten oder bei Polizeidienststellen erfragen, häufig haben auch Tageszeitungen eine Rubrik mit den entsprechenden Informationen. Hier sind darüber hinaus die wichtigsten Informationsstellen auf Bundes- und Länderebene zusammengestellt, die bei der Suche nach Angeboten vor Ort helfen können.

Bundesverband Frauenberatungsstellen und Frauennotrufe
Frauen gegen Gewalt e. V.
Tempelhofer Ufer 14, 10963 Berlin
Telefon: 030/32 29 95 00, Fax: 0 30/32 29 95 01
E-Mail: info@bv-bff.de, Internet: www.frauen-gegen-gewalt.de und www.bv-bff.de

Deutsche Arbeitsgemeinschaft für Jugend- und Eheberatung e. V. (DAJEB)
Bundesgeschäftsstelle
Neumarkter Straße 84 c, 81673 München
Telefon: 089/4 36 10 91, Fax: 0 89/4 31 12 66
Internet: www.dajeb.de

Zentrale Informationsstelle Autonomer Frauenhäuser ZIF
Postfach 101 103, 34011 Kassel
Telefon/Fax: 0561/8 20 30 30
E-Mail: zif-frauen@gmx.de, Internet: www.autonome-frauenhaeuser-zif.de

Bayern

www.stmas.bayern.de/gewaltschutz
Internetseite des Staatsministeriums für Arbeit und Sozialordnung, Familie und Frauen mit Informationen zum Thema »Häusliche Gewalt« und Opferschutz und Adressen von Frauenberatungsstellen, Notrufen und Frauenhäusern sowie Beratungsstellen für Männer.

Baden-Württemberg

www.sm.baden-wuerttemberg.de
Internetseite des Ministeriums für Arbeit und Soziales; unter dem Menüpunkt »Chancengleichheit von Frauen und Männern« finden sich Informationen über Gewalt gegen Frauen, den polizeilichen Platzverweis und Informationen zum Opferschutz.

Koordinierungsstelle der Autonomen Frauenhäuser Baden-Württemberg
Postfach 10 04 46, 72304 Balingen
Telefon: 07433/84 06, Fax: 07433/54 30
E-Mail: frauenhaus-zak@t-online.de

Informationen zum Platzverweis bei häuslicher Gewalt (Broschüre)
Erhältlich bei:
Ministerium für Arbeit und Soziales Baden-Württemberg
Postfach 10 34 43, 70029 Stuttgart
Telefon: 0711/123–0, Fax: 0711/123–3999
E-Mail: poststelle@sm.bwl.de

Opferschutz – Tipps und Hinweise Ihrer Polizei (Broschüre)
Erhältlich bei:
Innenministerium Baden-Württemberg – Pressestelle
Postfach 10 24 43, 70020 Stuttgart
Telefon: 0711/2 31–3032, Fax: 0711/231–3039
E-Mail: pressestelle@im.bwl.de,
Internet: www.innenministerium.baden-wuerttemberg.de

Berlin

BIG-Hotline: 030/6 11 03 00
Telefonische, auf Wunsch anonyme Beratung für Frauen
BIG e. V. Hotline – Hilfe bei häuslicher Gewalt gegen Frauen
Postfach 61 04 35, 10927 Berlin
Internet: www.big-hotline.de

www.big-interventionszentrale.de
Internetseite der Berliner Interventionszentrale bei häuslicher Gewalt mit Informationen für Fachleute und Betroffene, u. a. Formulare für Anträge nach dem Gewaltschutzgesetz.
Berliner Interventionszentrale bei häuslicher Gewalt (BIG) e. V.
Sarrazinstr. 11–15, 12159 Berlin
Telefon: 030/61 70 91 00, Fax: 030/61 70 91 01
E-Mail: mail@big-interventionszentrale.de

Brandenburg

www.gewalt-gegen-frauen.brandenburg.de
Internetseite der Landesregierung mit Informationen über häusliche Gewalt und den Standorten und Telefonnummern der Frauenhäuser.

Bremen

Autonomes Frauenhaus Bremen
Telefon: 0421/34 95 73

Bremerhavener Frauenhaus
Telefon: 0471/8 30 01

Bremer Opfer-Notruf der Polizei
Telefon: 0800/2 80 01 10

Frauenhaus der AWO
Telefon: 0421/23 96 11

Frauen helfen Frauen e. V. Bremen – Nord
Telefon: 0421/6 36 48 74

Notruf für vergewaltigte Frauen und Mädchen
Telefon: 0421/1 51 81

Hamburg

pro-aktiv Hamburg – Interventionsstelle bei häuslicher Gewalt
Altonaer Str. 65, 20357 Hamburg
Telefon: 040/41 30 70 80, Fax: 0 40/41 30 70 81
Hotline: 040/22 62 26 27
E-Mail: p-a@gewaltschutz.org, Internet: www.gewaltschutz.org

Anruf genügt ... Rat und Hilfe für Frauen (Broschüre)
Gegen mit 1,45 Euro frankierten Rückumschlag erhältlich bei:
Behörde für Soziales, Familie, Gesundheit und Verbraucherschutz
Pressereferat
Hamburger Str. 47, 22083 Hamburg
Telefon: 040/4 28 63–3935, Fax: 040/4 28 63–3849
E-Mail: pressestelle@bsg.hamburg.de

Hessen

www.familienatlas.de
Internetseite des Sozialministeriums mit Informationen zum Gewaltschutzgesetz und Adressen der Beratungsstellen und Frauenhäuser vor Ort.

Koordinierungsstelle der hessischen Frauennotrufe und Frauenberatungsstellen
c/o Frauennotruf Frankfurt
Kasseler Str. 1 A, 60486 Frankfurt am Main
Telefon: 069/70 94 94, Fax: 069/77 71 09 (Bitte Vermerk »Frauennotruf«)
E-Mail: info@frauennotrufe-hessen.de
Internet: www.frauennotrufe-hessen.de

Niedersachsen

www.wer-schlaegt-muss-gehen.de
Internetseite des Ministeriums für Soziales, Frauen, Familie und Gesundheit mit Informationen zum Gewaltschutzgesetz und den Standorten der niedersächsischen Frauenhäuser und Beratungsstellen.

www.frauen-maedchen-beratung.de
Internetseite mit den Adressen der Mädchen- und Frauenberatungsstellen.

Ohne Gewalt leben – Sie haben ein Recht darauf. Rechtsratgeber für von Gewalt betroffene Frauen (Broschüre)
Erhältlich bei:
Niedersächsisches Ministerium für Soziales, Frauen, Familie und Gesundheit
Pressestelle
Hinrich-Wilhelm-Kopf-Platz 2, 30159 Hannover
Telefon: 0511/120–0, Fax: 0511/120–4298
E-Mail: pressestelle@ms.niedersachsen.de

Nordrhein-Westfalen

www.frauennrw.de/www.familienratgeber-nrw.de
Internetseiten des Ministeriums für Generationen, Familie, Frauen und Integration mit Hinweisen zum Opferschutz und zu Beratungsangeboten.

www.frauen-info-netz.de
LAG Autonomer Frauenhäuser Nordrhein-Westfalen
Postfach 500349, 44203 Dortmund
Telefon: 0231/9 71 03 00, Fax: 0231/9 71 03 01
E-Mail: lag.frauenhaeuser-nrw@gmx.de

www.frauennotrufe-nrw.de/www.frauenberatungsstellen-nrw.de
Internetseiten mit Informationen der nordrhein-westfälischen Frauenberatungsstellen mit Informationen sowie die Standorte und Öffnungszeiten der Einrichtungen.

Mecklenburg-Vorpommern

www.mv-regierung.de/fg
Internetseite der Landesgleichstellungsbeauftragten mit Informationen über das Beratungs- und Hilfeangebot für Betroffene sowie Adressen der Frauenhäuser, Opferberatungsstellen, Interventionsstellen und Männerberatungseinrichtungen.

Interventionsstelle Anklam, Telefon: 03971/24 25 46
Interventionsstelle Neubrandenburg, Telefon: 0395/5 58 43 84
Interventionsstelle Rostock, Telefon: 0381/1 21 60 98 oder 4 58 29 38
Interventionsstelle Schwerin, Telefon: 0385/5 55 88 33
Interventionsstelle Stralsund, Telefon: 03831/30 77 50

Wege aus der häuslichen Gewalt – Was kann ich tun? Wer hilft mir?
(Broschüre)
Erhältlich bei:
Koordinierungsstelle CORA, Frauen helfen Frauen e. V. Rostock
Heiligengeisthof 3, 18055 Rostock
Telefon: 0381/4 01 02 29
E-Mail: cora@fhf-rostock.de
Internet: www.fhf-rostock.de/FhF-homepage/html/cora.html

Rheinland-Pfalz

www.rigg-rlp.de
Internetseite des Rheinland-Pfälzischen Interventionsprojekts gegen Gewalt in engen sozialen Beziehungen mit Adressen und Telefonnummern der Notrufe, Frauenberatungs- und Interventionsstellen, Frauenhäuser und Männerberatungsstellen.

Interventionsstelle Kaiserslautern, Telefon: 0631/37 10 84 25
Interventionsstelle Ludwigshafen, Telefon: 0621/5 29 25 36
Interventionsstelle Mainz, Telefon: 06131/6 17 65 70
Interventionsstelle Trier, Telefon: 0651/9 94 78 81
Interventionsstelle Westerburg, Telefon: 02663/91 13 53
Interventionsstelle gegen häusliche Gewalt Südpfalz
Telefon: 06341/38 19–22

Gewalt in engen sozialen Beziehungen beenden – Informationen zum Thema für Interessierte und Betroffene (Broschüre)
Erhältlich bei:
Ministerium für Arbeit, Soziales, Gesundheit, Familie und Frauen
Bauhofstr. 9, 55116 Mainz
Telefon: 06131/16–2027, Fax: 06131/16–2452
E-Mail: poststelle@masfg.rlp.de

Saarland

www.saarland.de/justiz.htm
Internetseite des Ministeriums für Justiz, Gesundheit und Soziales mit Informationen für Fachleute und Betroffene.

Koordinierungsstelle gegen häusliche Gewalt
Ministerium für Justiz, Gesundheit und Soziales
Franz-Josef-Röder-Str. 23, 66119 Saarbrücken
Telefon: 0681/501–5425
E-Mail: haeusliche-gewalt@justiz-soziales.saarland.de

Frauenhaus Saarbrücken, Telefon: 0681/99 18 00
Frauenhaus Saarlouis, Telefon: 06831/22 00
Frauenhaus Neunkirchen, Telefon: 06821/9 22 50
Notruf für vergewaltigte und misshandelte Frauen
Telefon: 0681/3 67 67

Sachsen

www.familie.sachsen.de
Internetseite des Staatsministeriums für Soziales mit Informationen zum Gewaltschutzgesetz sowie den Standorten und Telefonnummern von Beratungsstellen und Frauenhäusern in Sachsen.

Dresdner Interventions- und Koordinierungsstelle D.I.K.
Telefon: 0351/4 86 04 70
Beratungs- und Interventionsstelle Radebeul, Telefon: 0351/8 38 46 53
Frauenschutz- und Interventionsstelle Leipziger Land – Wegweiser
e. V., Telefon: 03433/90 38 28 und 0177/303 92 19

Koordinierungs- und Interventionsstelle gegen häusliche Gewalt
Leipzig, Telefon: 0341/3 06 87 78

Häusliche Gewalt ist keine Privatsache. Informationen für Betroffene von Gewalt (Faltblatt)
Erhältlich bei:
Sächsisches Staatsministerium für Soziales
Albertstraße 10, 01097 Dresden
Telefon: 0351/5 64 56 40
E-Mail: poststelle@sms.sachsen.de

Sachsen-Anhalt

www.halt-gewalt.de
Internetseite des Ministeriums für Gesundheit und Soziales mit Informationen über Gewalt gegen Frauen.

Lichtschritt – Hilfsangebote für von Gewalt betroffene Frauen und Kinder (Broschüre)
Erhältlich bei:
Ministerium für Gesundheit und Soziales des Landes Sachsen-Anhalt
Referat Presse- und Öffentlichkeitsarbeit
Turmschanzenstraße 25, 39114 Magdeburg
Telefon: 0391/567–4607 oder –4608, Fax: 0391/567–4622
E-Mail: ms-presse@ms.lsa-net.de

Interventionsstelle häusliche Gewalt Halle, Telefon: 0345/686 79 07
Interventionsstelle häusliche Gewalt Magdeburg
Telefon: 0391/6 10 62 26
Interventionsstelle häusliche Gewalt Dessau, Telefon: 0340/2 16 51 00
Interventionsstelle häusliche Gewalt Stendal, Telefon: 03931/70 01 05

Schleswig-Holstein

Frauenhelpline Schleswig-Holstein: 0700/99 91 14 44
Telefonische Beratung, erreichbar täglich von 10.00 bis 3.00 Uhr nachts.
Weitere Informationen im Internet unter www.helpline-sh.de.

www.frauennetz.schleswig-holstein.de; www.schleswig-holstein.de
Internetseite des Ministeriums für Bildung und Frauen mit Informationen zum Gewaltschutzgesetz und die Standorte und Telefonnummern der Hilfeeinrichtungen vor Ort zu finden.

Nur Mut! Handlungsmöglichkeiten für Frauen in Gewaltbeziehungen (Broschüre)
Erhältlich bei:
Ministerium für Bildung und Frauen
Brunswiker Straße 16–22, 24105 Kiel
Telefon: 0431/988-5807, Fax: 0431/988-5815
E-Mail: pressestelle@mbf.landsh.de

Thüringen

www.thueringen.de/de/gb
Internetseite der Gleichstellungsbeauftragten des Landes: Unter dem Menüpunkt »Themen« sind Informationen zum Gewaltschutzgesetz sowie die Adressen der Frauenhäuser sowie der Beratungs- und Interventionsstellen vor Ort zusammengestellt.

In Österreich

Frauenhelpline – Halt der Gewalt: 0800/22 25 55
Bundesweite Notruftelefon-Nummer für Frauen, die Gewalt erleben.
Weitere Informationen im Internet unter: www.frauenhelpline.at.

www.aoef.at
Internetseite der autonomen österreichischen Frauenhäuser mit Informationen zum Gewaltschutz und den Standorten und Telefonnummern der Frauenhäuser.
Verein Autonome Österreichische Frauenhäuser
Informationsstelle gegen Gewalt
Bacherplatz 10/4, 1050 Wien
Telefon: 01/544 08 20, Fax: 01/5 44 08 20-24
E-Mail: informationsstelle@aoef.at

www.netzwerk-frauenberatung.at
Informationen zum Thema Gewalt sowie die Standorte und Telefonnummern der Beratungsstellen für Mädchen und Frauen.
Netzwerk österreichischer Frauen- und Mädchenberatungsstellen
Stumpergasse 41–43/II/R3, 1060 Wien
Telefon: 01/5 95 37 60, Fax: 01/5 95 37 61
E-Mail: netzwerk@netzwerk-frauenberatung.at

www.frauennotrufe.at
Notrufe für vergewaltigte Frauen in Wien, Linz, Graz, Salzburg und Innsbruck.

Interventionsstelle Burgenland gegen Gewalt in der Familie
Telefon: 03352/3 14 20
Kärntner Interventionsstelle gegen familiäre Gewalt
Telefon: 0463/59 02 90
Interventionsstelle Niederösterreich, Telefon: 02724/3 19 66
Interventionsstelle des Gewaltschutzzentrums Oberösterreich
Telefon: 0732/60 77 60
Interventionsstelle Salzburg, Telefon: 0662/87 01 00
Interventionsstelle des Gewaltschutzzentrum Steiermark
Telefon: 0316/77 41 99
Interventionsstelle Vorarlberg, Telefon: 05522/8 24 40
Interventionsstelle gegen Gewalt in Familien Tirol
Telefon: 0512/57 13 13
Wiener Interventionsstelle gegen Gewalt in der Familie
Telefon: 01/5 85 32 88

In der Schweiz

www.equality.ch; www.against-violence.ch
Internetseiten der Büros für die Gleichstellung von Frau und Mann des Bundes, der Kantone und Städte mit Informationen über Gewalt gegen Frauen, die gesetzlichen Regelungen sowie die Adressen der Beratungsangebote für Opfer und Täter in allen Kantonen.
Fachstelle gegen Gewalt
des Eidgenössischen Büros für die Gleichstellung von Frau und Mann
Schwarztorstr. 51, 3003 Bern
Telefon: 031/3 22 68 43, Fax: 031/3 22 92 81
E-Mail: info.fgg@ebg.admin.ch

www.frauenhaus-schweiz.ch
Informationen über die Standorte und die Telefonnummern der Frauenhäuser in der Schweiz und in Liechtenstein.
Dachorganisation der Frauenhäuser Schweiz und Liechtenstein
Geschäftsstelle
Postfach 2543, 5001 Aarau
Telefon: 079/4 35 16 08
E-Mail: dao@frauenhaus-schweiz.ch

www.stopit.ch
Internetseite mit Informationen über den rechtlichen Hintergrund bei Gewalt in der Partnerschaft, die Möglichkeit, per E-Mail Fragen zu diesem Thema zu stellen, und einer Liste der schweizerischen Frauenhäuser und Beratungsstellen in allen Kantonen.
Frauenhaus und Beratungsstelle Zürcher Oberland
Postfach 156, 8613 Uster
E-Mail: info@stopit.ch

www.opferhilfe-schweiz.ch
Informationen über die Rechte der Opfer im Strafverfahren und Standorte der Opferhilfeeinrichtungen in den Kantonen.
Schweizerische Verbindungsstellen-Konferenz Opferhilfegesetz (SVK-OHG)
Konferenz der Kantonalen Sozialdirektoren und Sozialdirektorinnen
Zentralsekretariat
Eigerplatz 5, Postfach 459, 3000 Bern 14
Telefon: 031/3 71 04 29, Fax: 031/3 71 17 41
E-Mail:office@sodk-cdas-cdos.ch

Informationsbroschüren

Mehr Schutz bei häuslicher Gewalt. Informationen zum Gewaltschutzgesetz.
Mehr Mut zum Reden. Von misshandelten Frauen und ihren Kindern.
Jetzt erst Recht. Rechtliche Rahmenbedingungen für eine effektive Intervention bei häuslicher Gewalt.
AVA 1 – **Häusliche Gewalt:** Informationen für Betroffene, mit gesprochenen Übersetzungen auf türkisch, russisch, polnisch, serbisch, englisch, französisch und spanisch, und:
AVA 2 – **Häusliche Gewalt:** Fortbildung und Sensibilisierung für Poli-

zei, Gesundheits- und Sozialwesen, Betriebsrätinnen und Betriebsräte, Frauenbeauftragte – mit Videos, Interviews, Checklisten und Tests (CD-ROM).

Alle erhältlich bei:
Bundesministerium für Familie, Senioren, Frauen und Jugend
Broschürenstelle
53107 Bonn
Telefon: 0180/5 32 93 29
E-Mail: broschuerenstelle@bmfsfj.de, Internet: www.bmfsfj.de

Opferfibel – Rechtswegweiser für die Opfer einer Straftat
Erhältlich bei:
Bundesministerium der Justiz
Referat für Presse- und Öffentlichkeitsarbeit
11015 Berlin
E-Mail: poststelle@bmj.bund.de, Internet: www.bmj.de

Frauen haben Recht(e)
Erhältlich bei:
Bundesministerium für Gesundheit und Frauen
Radetzkystraße 2, 1030 Wien
Telefon: 01/7 11 00–4700
E-Mail: broschuerenservice@bmgf.gv.at

Bildnachweis

17 Aus: Ursula Müller / Monika Schröttle: Lebenssituation, Sicherheit und Gesundheit von Frauen in Deutschland. Eine repräsentative Untersuchung zu Gewalt gegen Frauen in Deutschland. Hg. v. Bundesministerium für Familie, Senioren, Frauen und Jugend, Berlin 2004.

Zitatnachweise

13 Aus: Getrennt lebende Ehefrau vergewaltigt: 5 Jahre Haft. © Mindener Tageblatt vom 10. Februar 2004.

13/14	Aus: 13 Jahre Haft für Mord an Exfrau. © Hannoversche Allgemeine Zeitung, Hannover.
14	Aus: Bewährung und Geldstrafe für prügelnden Ehemann. © Ostfriesische Nachrichten vom 21. November 2005.
20/21	Aus: Ruth Rendell: Das Verderben. Erschienen in deutschsprachiger Übersetzung von Cornelia C. Walter 2000 im Blanvalet Verlag, München, einem Unternehmen der Verlagsgruppe Random House GmbH.
41/42	Aus: Nds. Ministerium für Soziales, Frauen, Familie und Gesundheit: Ohne Gewalt leben – Sie haben ein Recht darauf, Hannover 2006 / 40 Seiten. (Mehrere Sprachen).
43	Aus: Marie-France Hirigoyen: Warum tust du mir das an? Gewalt in Partnerschaften. © Verlag C.H. Beck oHG, München.
48	Aus: Zwei Jahre vom Ex-Freund verfolgt. © Märkische Oderzeitung vom 30. März 2005.
48	Aus: Nach der Trennung lief Uwe S. (60) Amok. © Hamburger Morgenpost vom 23. Februar 2005.
55	Aus: Jens Hoffmann: Stalking. Springer, Heidelberg 2006. © Jens Hoffmann, Aschaffenburg.
63, 96	Aus: Ich sehe wieder eine Zukunft für mich. © Nordwest-Zeitung, Oldenburg, vom 1. Oktober 2003.
63/64	Aus: Mit der Faust hat er ihre Liebe zerschlagen. © Petra Herterich, Ostfriesen-Zeitung vom 22. November 2003.
65, 73	Aus: Ursula Müller / Monika Schröttle: Lebenssituation, Sicherheit und Gesundheit von Frauen in Deutschland. Eine repräsentative Untersuchung zu Gewalt gegen Frauen in Deutschland. Hg. v. Bundesministerium für Familie, Senioren, Frauen und Jugend, Berlin 2004.
82, 122/ 123, 127, 134, 140	Aus: Sandra Glammeier / Ursula Müller / Monika Schröttle: Lebenssituation, Sicherheit und Gesundheit von Frauen in Deutschland. Unterstützung und Hilfebedarf aus der Sicht gewaltbetroffener Frauen. Hg. v. Bundesministerium für Familie, Senioren, Frauen und Jugend, Berlin 2004.
82	Aus: Schweizerische Konferenz der Gleichstellungsbeauftragten (Hg.): Beziehung mit Schlagseite, Gewalt gegen Frauen in Ehe und Partnerschaft. © eFeF, Wettingen 1997.
97	Aus: Barbara Kavemann / Ulrike Kreyssig: Handbuch Kinder und häusliche Gewalt. © GWV Fachverlage GmbH. Gabler / Vieweg / B. G. Teubner / VS Verlag für Sozialwissenschaften, Wiesbaden.

101	Aus: Lisa Lercher u. a. (Hg.): Weil der Papa die Mama haut. Kinder aus dem Frauenhaus zeichnen und erzählen © Verlag mebes & noack, Köln 1997.
102/103	Transkribiert aus: Kennst Du das auch? Wahre Geschichten von zu Hause. Video. © Berliner Interventionszentrale bei häuslicher Gewalt, Berlin.
137, 140	Aus: Cornelia Helfferich / Barbara Kavemann / Katrin Lehmann: Wissenschaftliche Untersuchung zur Situation von Frauen und zum Beratungsangebot nach einem Platzverweis bei häuslicher Gewalt (»Platzverweis: Beratung und Hilfen«). Abschlussbericht des Sozialministeriums Baden-Württemberg. SoFFI K, Freiburg 2004.
141/142	Aus: Christian Spoden: Grenzen setzen, verantwortlich machen, Veränderung ermöglichen. In: Möglichkeiten und Grenzen der Tätertherapie. Hg. v. Ministerium für Justiz, Gesundheit und Soziales, Saarland. Saarbrücken 2004.
145/146	Aus: Er riss an mir und riss und riss. Das Gewaltschutzgesetz und seine Folgen. Eine Bestandsaufnahme. © Ingrid Müller-Münch.
154/155	Aus: Weißer Ring (Hg.): Gewaltfreie Erziehung. © Weißer Ring e. V., Mainz 2001.
158	Aus: Arbeitskreis Neue Erziehung e. V.: Mit Respekt geht's besser – Kinder gewaltfrei erziehen. © Arbeitskreis Neue Erziehung e. V., Berlin 2005.
164	Aus: Eva Zeltner: Weder Macho noch Muttersöhnchen. Denkanstösse zum Umgang mit Jungen. © Zytglogge Verlag, Oberhofen am Thunersee, Schweiz, 1996.